中等职业教育课程改革创新示范精品教材

汽车基础维护与保养

主　编　田永江　张瑞芳
副主编　王志成
编　者　魏　超　杨松森　宋　辉
　　　　许家忠　闫慧敏
主　审　刘　健

北京理工大学出版社
BEIJING INSTITUTE OF TECHNOLOGY PRESS

内 容 简 介

本书内容主要包括：汽车行业安全操作、汽车整体认知、工具与量具的使用、常用设备的使用、汽车发动机维护、汽车底盘维护、汽车电气维护。本书文字简洁，通俗易懂，以图代文，图文并茂，形象直观，形式生动，培养学生的学习兴趣，提高学习效果。内容以理论联系实际，从岗位需求为依托，使汽车维护保养基础的相关内容简单明了，以典型工作任务为教学内容，任务明确，思路清晰，技能实用性强，教会学生汽车维护保养基础技能。

本书适合中职院校汽车维修专业的初学者（中职汽修专业一年级的学生），为学生今后专业课程的学习打下良好的理论和技能基础，进一步迎合企业岗位需求。

版权专有 侵权必究

图书在版编目（CIP）数据

汽车基础维护与保养 / 田永江，张瑞芳主编 . -- 北京：北京理工大学出版社，2022.8

ISBN 978-7-5763-1509-7

Ⅰ.①汽… Ⅱ.①田… ②张… Ⅲ.①汽车 - 车辆修理②汽车 - 车辆保养 Ⅳ.①U472

中国版本图书馆 CIP 数据核字（2022）第 124210 号

出版发行 /	北京理工大学出版社有限责任公司
社　　址 /	北京市海淀区中关村南大街 5 号
邮　　编 /	100081
电　　话 /	（010）68914775（总编室）
	（010）82562903（教材售后服务热线）
	（010）68944723（其他图书服务热线）
网　　址 /	http://www.bitpress.com.cn
经　　销 /	全国各地新华书店
印　　刷 /	定州市新华印刷有限公司
开　　本 /	889 毫米 ×1194 毫米　1/16
印　　张 /	13
字　　数 /	296 千字
版　　次 /	2022 年 8 月第 1 版　2022 年 8 月第 1 次印刷
定　　价 /	44.00 元

责任编辑 / 孟祥雪
文案编辑 / 孟祥雪
责任校对 / 周瑞红
责任印制 / 边心超

图书出现印装质量问题，请拨打售后服务热线，本社负责调换

前言

《国家中长期教育改革和发展规划纲要（2010—2020年）》中提出：大力发展职业教育，把职业教育纳入经济社会发展和产业发展规划，把提高质量作为重点，以服务为宗旨，以就业为导向，推进教育教学改革。实行工学结合、校企合作、顶岗实习的人才培养模式；满足人民群众接受职业教育的需求，满足经济社会对高素质劳动者和技能型人才的需要。

为满足当前行业需求并结合中职院校学生实际情况，我们在编写过程中，注重做到理论与实践相结合、应知和应会相结合、传统技术与现代技术相结合、岗位需求与实际教学相结合；注重知识体系的实用性，体现先进性，保证科学性，突出实践性，贯穿可操作性；体现中职汽修专业课一体化教学模式特色，以任务驱动法的妙用，更好地为中职汽修专业课教学打下良好基础；反映汽车工业的新知识、新技术、新工艺和新标准。

本教材文字简洁，通俗易懂，以图代文，图文并茂，形象直观，形式生动，培养学生的学习兴趣，提高学习效果。本书从汽车行业安全操作、汽车整体认知、常用工量具及设备使用和汽车常规维护项目等多个方面入手，内容以理论联系实际，从岗位需求为依托，使汽车维护保养基础的相关内容简单明了，更好地适应中职院校汽车维修专业的初学者，为学生今后专业课程的学习打下良好的理论和技能基础，进一步迎合企业岗位需求。

本教材主要特色：

1.脱离传统文字讲解，以工作流程为基础，结合实用设备，用图片将真实工作场景流程再现，便于学生掌握技能；

2.基于汽车维护保养基础设备，开发相关教学内容；

3.内容丰富，涵盖汽车维护保养相关基础知识；

4.以典型工作任务为教学内容，任务明确，思路清晰，技能实用性强，教会学生汽车维护保养基础技能；

5.将先进的教学内容、教学方法与教学手段有效地结合起来，形成安全操作、理论基础、专用设备、维护技能四位一体的立体式教学新模式。

本书由田永江、张瑞芳担任主编，王志成担任副主编，刘健主审。参加本书编写的有魏超、杨松森、宋辉、许家忠、闫慧敏。

限于编者的经历和水平，书中难免有不妥或错误之处，敬请广大读者批评指正，提出修改意见和建议，以便在修订时改正和完善。

编　者

目录

项目一 安全操作认知 ………………………………………………… 1
 专题一 汽车维护概述 ………………………………………………… 1
 专题二 岗位要求 …………………………………………………… 4
 专题三 工作安全 …………………………………………………… 7
 专题四 7S 管理 …………………………………………………… 11

项目二 汽车整体认知 ………………………………………………… 15
 专题一 发动机基础 ………………………………………………… 15
 专题二 底盘基础 …………………………………………………… 28
 专题三 电气基础 …………………………………………………… 35

项目三 汽车维修常用的量具和工具 ………………………………… 41
 专题一 常用的量具 ………………………………………………… 41
 专题二 常用的工具 ………………………………………………… 54

项目四 常用设备的使用 ……………………………………………… 63
 专题一 举升机的使用 ……………………………………………… 63
 专题二 轮胎拆装机的使用 ………………………………………… 67
 专题三 轮胎动平衡机的使用 ……………………………………… 70
 专题四 卧式液压千斤顶的使用 …………………………………… 74
 专题五 四轮定位仪的使用 ………………………………………… 77

项目五 汽车发动机相关维护 ………………………………………… 83
 专题一 空气滤清器的检查与更换 ………………………………… 83

  专题二 玻璃清洗液的检查与更换 ··· 86
  专题三 机油的检查与更换 ··· 88
  专题四 冷却液的检查与更换 ··· 92
  专题五 节气门体的检查与维护 ··· 95

项目六 汽车底盘基础维护 ·· 99

  专题一 轮胎检查与换位 ·· 99
  专题二 行车制动踏板与离合器踏板行程的检查 ··· 104
  专题三 汽车制动器的检查与调整 ··· 107
  专题四 悬架的检查 ·· 116

项目七 汽车电气相关维护 ·· 119

  专题一 蓄电池的检查与维护 ··· 119
  专题二 火花塞的检查与维护 ··· 122
  专题三 挡风玻璃刮水器的检查与维护 ··· 125
  专题四 喇叭的检查与维护 ··· 128
  专题五 电动车窗的检查与维护 ··· 131
  专题六 电动座椅的检查与维护 ··· 133

项目一

安全操作认知

专题一　汽车维护概述

学习目标

完成本学习任务后,你应当能:

1. 说出汽车维护内容;
2. 了解汽车维护的意义;
3. 了解我国汽车维护制度。

学习任务

一辆家用轿车维护里程数已到,作为一名汽车维护技术员,请你根据相应操作流程对该车进行维护操作。

模块一　知识准备

引导问题1：什么是汽车维护？

广义的汽车维护，其涵盖的范围相当广泛，包括汽车美容护理、汽车装饰、汽车日常维护、汽车一级维护、汽车二级维护及与其相关的汽车检测。

狭义的汽车维护，是指汽车运行中的维护，是由传统的汽车维护作业演化而来的，强调对汽车进行预防性的各种维护，是一种快捷、优质、高效的全新汽车服务，包括清洁作业、油品护理、技术调整（检查作业、紧固作业、调整作业），如图1-1-1所示。

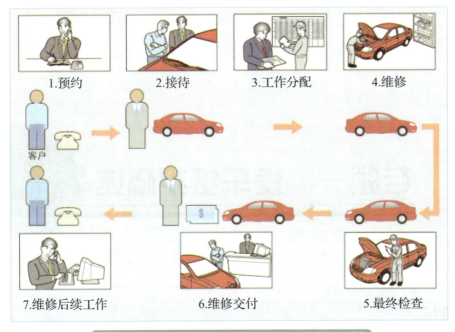

图1-1-1　维护基本操作

引导问题2：汽车定期维护的意义是什么？

定期维护是用户按车辆一定的行驶间隔里程或使用间隔时间，定期到授权服务站对车辆进行检查和维护。定期维护包括更换发动机机油和机油滤清器等项目。

汽车由大量的零部件构成，车辆在使用过程中，各零部件会受到磨损、老化或腐蚀，导致汽车性能降低。车辆的技术性能随着行驶里程的增加而发生变化，导致汽车的动力性、经济性和可靠性逐渐变差，各易损、易耗件需要更换或补充，有些损耗和早期故障在使用过程中不容易发现和感觉到。用户通过定期回到服务站，按标准规范对车辆进行维护和检查，可以及时更换易损、易耗件，发现和消除早期的故障隐患，防止故障的发生或损坏的扩大，恢复车辆的性能指标，提高车辆的完好率，有效地延长汽车的使用寿命。

引导问题 3：我国汽车维护制度

根据交通部《汽车运输业车辆技术管理规定》，我国现行的汽车维护制度应贯彻"预防为主、定期检测、强制维护、视情修理"的原则，即汽车维护必须遵照交通运输管理部门或生产厂家规定的行驶里程或时间间隔，按期强制执行，不得拖延，并在维护作业中遵循汽车维护分级和作业范围的有关规定，以确保维护质量。

（1）预防为主：汽车维护是预防性的，保持车容整洁、车况良好，及时发现和消除故障和隐患，防止汽车早期损坏是汽车维护的基本要求。汽车维护的各项作业是有计划定期执行的，它的内容是依照汽车技术状况变化的规律来安排的，并且要在汽车技术状况变坏之前进行，以符合预防为主的原则。

（2）定期检测：指汽车在二级维护前必须用检测仪器或设备对汽车的主要性能和技术状况进行检测与诊断，以了解和掌握汽车的技术状况及磨损程度，并做出技术评定。根据检测的结果确定该车的附加作业或小修项目，从而结合二级维护一并进行附加作业或小修。

（3）强制维护：在计划预防维护的前提下所执行的维护制度，是指汽车维护工作必须遵照交通运输管理部门或汽车使用说明书规定的行驶里程或时间间隔按期进行，不得任意拖延，以体现"强制维护"的维护原则。

（4）视情修理：经过检测诊断和技术鉴定，确认确实需要进行修理的项目后执行，其中，二级维护附加作业项目为视情修理内容。

引导问题 4：汽车维护分类及作业范围

汽车维护分为定期维护和非定期维护。定期维护分为日常维护、一级维护、二级维护；非定期维护有季节性维护和走合期维护。

各级维护作业范围

类型	作业范围
日常维护	日常维护是出车前、行车中、收车后的作业，由驾驶员负责执行，作业中心内容是清洁、补给和安全检视，是保持车辆正常工作状况的经常性的、必需的工作。坚持"三检"，即出车前、行车中、收车后检视车辆的安全机构及各部分机件连接的紧固情况
一级维护	一级维护是由专业维修企业负责执行的，作业中心内容除日常维护作业外，以清洁、润滑、紧固为主，并检查有关制动、操纵等安全部件
二级维护	二级维护是由专业维修企业负责执行的，作业中心内容除一级维护作业外，以检查、调整为主，并拆检轮胎，进行轮胎换位。二级维护前应进行检测诊断和技术评定，根据结果，确定附加作业或小修项目，结合二级维护一并进行。各级维护的周期，依汽车类型和运行条件而定
季节性维护	季节性维护是根据不同地区冬、夏季气温变化，汽车按照在低温条件下或高温条件下使用时应采取的措施进行相应作业，可结合定期维护进行
走合期维护	为了保证汽车的使用寿命，汽车在投入运行初期（包括大修车以及新装大修过发动机的汽车）都应该进行走合期的磨合，以改善零件摩擦表面几何形状和表面层物理、力学性能

专题二 岗位要求

学习目标

完成本学习任务后,你应当能:
1. 掌握汽车维护的岗位要求;
2. 树立认真负责、积极向上的职业观。

学习任务

作为一名汽车维护技术员,应掌握岗位要求,严格要求自己,树立认真负责、积极向上的职业观,做一名优秀的企业员工。

模块一 知识准备

岗位认知

作为一名汽车维护技术员,首先要把"客户第一"的理念付诸实践,尽最大努力提供给客户第一流的售后服务,认真对待客户的车辆,保障服务的高效、可靠。无论是何种工作,都能可靠并尽快地以最小的成本完成。要理解技术员的职责,保障客户车辆一直保持着最佳状态。汽车维护直接关系到人的生命,所以技术员的工作是特别有价值的工作,应为自己的工作自豪。尽自己最大的努力做好每一项工作,不断在工作中提高自己的技能。

汽车维护技术员的岗位要求

1. 职业化的形象

穿干净的制服，穿防护鞋，不佩戴金属物件，口袋里要有清洁的抹布。

2. 爱护客户车辆

要正确使用"五件套"（即坐垫布、翼子板布、前罩、方向盘罩和地板布），小心驾驶客户车辆，在车内不抽烟，切勿使用客户音响设备或车内电话，拿走留在车上的垃圾和零件箱。

3. 操作整洁有序

保持车间（地面、工具架、工作台、仪表、测试仪等）的整洁有序。如，拿开不必要的物件；保持零部件和材料整齐有序；打扫、清洗和擦净车辆；汽车停正后方可维修。

4. 安全工作

使用维修工具、设备时，必须按照工具及设备的正确操作流程实施，防止发生伤害，如图 1-2-1 所示。

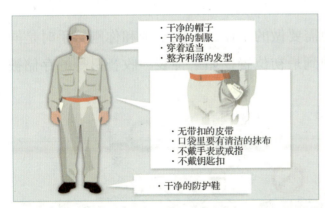
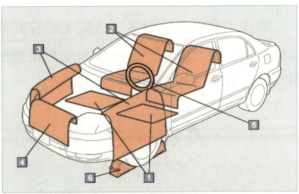
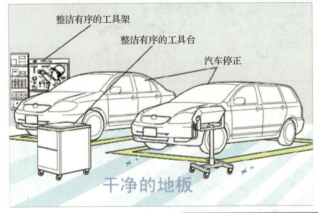

图 1-2-1 汽车维护技术员的岗位要求一

5. 计划和准备

确认主要项目（客户进行维修的主要原因），确认了解客户的要求及服务顾问的指示，如果除了规定的工作外还有其他工作，请报告给服务顾问，只有在得到客户的同意后才可进行，为工作做好计划（工作程序），确认库存有所需零部件，根据维修单工作，避免出错。

6. 快速可靠地工作

正确使用专用维修工具和测试仪，根据维修手册、电子线路图和诊断手册进行工作，以避免主观猜测。了解最新技术信息，例如技术服务简报上的内容，如果你发现车辆还有不包括在维修条款内的其他地方需要维修，请向服务顾问或者管理员/领班汇报，尽可能运用所学技能。

7. 按时完成工作

如果能按时完成该工作，请不时地再检查一下，如果不能按时完成任务，或者需要做其他工作，请通知服务顾问或管理员/领班。

8. 工作完成后要检查

确认主要项目已完成、已完成所有其他需要做的工作、车辆至少和你刚接手时是同样清洁的，将驾驶座、方向盘和反光镜返回到最初位置，如果钟表、收音机等的存储被删除，请重新设置，如图1-2-2所示。

图1-2-2 汽车维护技术员的岗位要求二

9. 保存旧零件

将旧的零件放在塑料袋或者空零件袋中；将旧零件放在预定的地方（例如，在前乘员座椅前面的地板上）。

10. 完成后续工作

完成维修单和维修报告（例如，记录故障原因、更换的零件、更换原因和工时等），未列在维修单上的任何其他信息，必须通知管理人员/领班或者服务顾问，在工作中发现任何异常情况，请告知服务顾问或管理人员/领班，如图 1-2-3 所示。

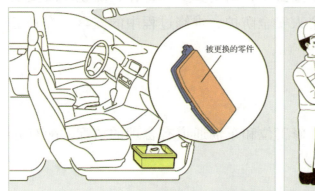
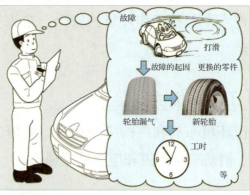

图 1-2-3　汽车维护技术员的岗位要求三

专题三　工作安全

学习目标 →

完成本学习任务后，你应当能：

1. 熟记安全事项，始终安全工作，防止事故发生；
2. 掌握规范安全操作事项；
3. 防止事故伤害到自己。

学习任务 →

作为一名汽车维护技术员，应掌握工作安全常识，规范操作，更好地保护自己，为客户服务。

模块一 知识准备

作业须知

由于汽车维护作业的复杂性，会涉及众多专业工具和中大型专业设施设备，因此必须具备基础的工作安全常识，对于不熟悉的设施设备需要先学习使用方法。针对负重的作业，必须确保合理使用辅助工具，不要蛮干，始终要安全工作，防止事故发生。汽车维护工作安全包括工作环境的安全、个人安全防护、维修过程中的安全、维修工具及设备的安全。

1. 工作环境的安全

工作环境布局和结构应当合理，维修工位和车辆通道有合理的搭配，配有完善的消防设施、消防安全通道和应急逃生通道。

2. 个人安全防护

在工作场所进行工作时，应当穿戴防护用品，包括护目镜、工作帽、手套、工作鞋和合身的工作服等。掌握安全生产知识，提高安全意识，增强事故预防和应急处理能力。

3. 维修过程中的安全

维修人员要熟知维修手册规定的安全注意事项和操作规程，并严格遵守。

4. 维修工具及设备的安全

使用维修工具、设备时，必须按照工具及设备的正确操作流程实施，防止发生伤害，如图1-3-1所示。

另外，在安全工作的前提下，应注意防火、防爆、安全用电及险情报告。

汽车维护注意事项有防火、防爆、电气设备安全、安全用电、做好险情报告，如图1-3-2所示。

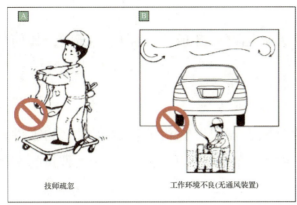
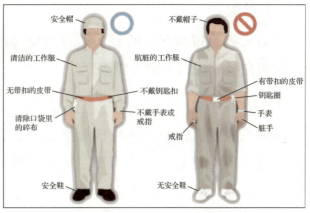

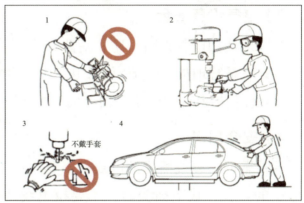

图 1-3-1　汽车维护工作安全

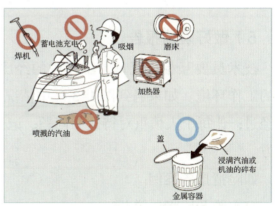

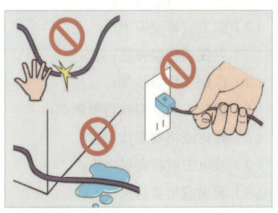

图 1-3-2　汽车维护注意事项

1）防火

如果火灾警报响起，所有人员应当配合扑灭火焰，要知道灭火器放在哪里，如何使用，除非在吸烟区，否则不要吸烟。

2）防爆

浸满机油或汽油的碎布应该放置在带盖的金属容器里，在机油存储或可燃的零件清洗剂附近，不能使用明火，不要在充电状态下的电池附近使用明火，在燃油泄漏的车辆未修好前，不能起动发动机。

3）电气设备安全

正确地使用电气设备，防止短路和火灾。如果发现电气设备有任何异常，立即关掉开关，并联系管理员/领班；如果电路中发生短路或意外火灾，在进行灭火之前首先关掉开关，有任何熔断丝熔断都要向上级汇报，因为熔断丝熔断说明有某种电气故障。

4）安全用电

不要靠近断裂或摇晃的电线，不要用湿手接触任何电气设备，不要触碰标有"发生故障"的开关，拔下插头时，不要拉电线，要拉插头本身，不要让电缆通过潮湿或浸有油的地方，以及炽热的表面或尖角附近，在开关、配电器等电气设备附近不要使用易燃物。

5）做好险情报告

技术员要互相交流日常工作中的经历，防止别人重蹈覆辙，采取适当措施创造更安全的工作环境。如果遇到图1-3-2中情况之一，要做到：将情况汇报上级；记录事情的发展经过；让每个人慎重对待这个问题；记录以上的一切并将清单放置在每个人能够看到的地方。

如险情报告案例：

（1）脱开或将要脱开；

（2）撞上或将要撞上；

（3）夹住或将要夹住；

（4）跌倒或将要跌倒；

（5）提升工具断裂或将要断裂；

（6）爆炸或将要爆炸；

（7）被电击或将要被电击；

（8）起火或将要起火；

（9）其他。

专题四 7S 管理

学习目标

完成本学习任务后,你应当能:
1. 掌握 7S 管理理念的相关内容;
2. 能够将 7S 管理理念应用到实际岗位中去,提升职业素养。

学习任务

作为一名汽车维护技术员,应掌握 7S 管理理念的相关内容,将 7S 管理理念应用到实际岗位中去,提升职业素养,更好地为客户服务。

模块一 知识准备

引导问题1:什么是 7S 管理?

7S 管理是一种管理活动,保证公司优雅的生产(营运)和办公环境,良好的工作秩序和严明的工作纪律,同时也是提高工作效率,营运高质量,减少浪费,节约物料成本和时间成本的基本要求。

1. 7S 是一种内外兼修的管理

7S 是一个"人造环境,环境育人"的过程,所以 7S 的推行要经历一个由内而外,从"形式化"到"行事化"再到"习惯化"的过程。它从改善环境入手,潜移默化地改变员工的行为。员工自己动手打造干净整洁的工作环境，清除设备脏污，并不断坚持养成良好习惯，使改善成果得到保持。

2. 7S 是一种关注细节的管理

7S 的核心是对待工作认真和精细。企业管理许多问题的出现往往都是由于对细节的忽视，而 7S 关注的恰恰是一些细节的问题，如设备的灰尘、脏污、异声、松动等，通过及时发现和解决这些细微问题，防止"小患"发展成"大病"。

3. 7S 是一种适用性强的管理

7S 是一种基础的管理理念和管理方法，可以应用于企业管理的各个领域，它追求的是"没有最好，只有更好"，没有固定的标准和模式，能应用于企业管理的方方面面，它能够很好地与各项先进管理理念和方法相融合，为这些管理方法的导入奠定良好的基础。

引导问题 2：7S 管理的由来

5S 理念起于 1955 年，最早在日本企业（丰田公司）中使用，企业为了保障作业空间和作业安全，提出"安全始于整理整顿，终于整理整顿"的口号。后来，根据生产和品质控制的需要，逐步出现后续 3S，即清扫、清洁、素养。6S 出现于 20 世纪 90 年代，以海尔为代表的国内企业在 5S 的基础上，增加了"安全"要素，形成 6S。7S 是 2009 年产生的，华电公司在 6S 的基础上，导入了"节约"要素，形成了 7S。7S 是 SEIRI（整理）、SEITON（整顿）、SEISO（清扫）、SEIKETSU（清洁）、SHITSUKE（素养）、SAFETY（安全）、SAVING（节约）这七个词的缩写，因为这七个词的日语和英文中第一个字母都是 S，所以简称 7S。

1. SEIRI（整理）

组织和利用所有的资源，不管它们是工具、零件或信息，在工作场地指定一处地方来放置所有不必要的物品。收集工作场地中不必要的东西，然后丢弃，如图 1-4-1 所示。

整理的目的：增加作业面积；物流畅通、防止误用等。

图 1-4-1 整理

2. SEITON（整顿）

这是一个整顿工具和零件的过程，目的是方便使用。将很少使用的物品放在单独的地方，将偶尔使用的物品放在工作场地；将常用的物品放在身边，如图1-4-2所示。

整顿活动的目的：工作场所整洁明了，一目了然，减少取放物品的时间，提高工作效率，保持井井有条的工作秩序区。

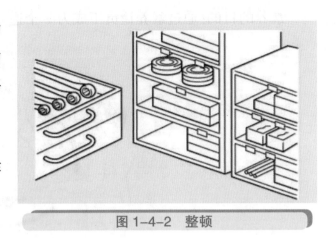

图1-4-2 整顿

3. SEISO（清扫）

这是一个使工作场地内所有物品保持干净的过程。永远使设备处于完全正常的状态，以便随时可以使用，如图1-4-3所示。

清扫的目的：使员工保持一个良好的工作情绪，并保证稳定产品的品质，最终达到企业生产零故障和零损耗。

4. SEIKETSU（清洁）

这是一个努力保持整理、整顿和清扫状态的过程，也是一个通过对各种物品进行分类，清除不必要的物品使工作场所保持干净的过程，如图1-4-4所示。

清洁的目的：使整理、整顿和清扫工作成为一种惯例和制度，是标准化的基础，也是一个企业形成企业文化的开始。

图1-4-3 清扫

图1-4-4 清洁

5. SHITSUKE（素养）

努力提高人员的素养，养成严格遵守规章制度的习惯和作风。素养是7S活动的核心，没有人员素质的提高，各项活动就不能顺利开展，即使开展了也坚持不了。所以要始终着眼于提高人的素质，如图 1-4-5 所示。

素养的目的：通过素养让员工成为一个遵守规章制度，并具有良好工作素养习惯的人。

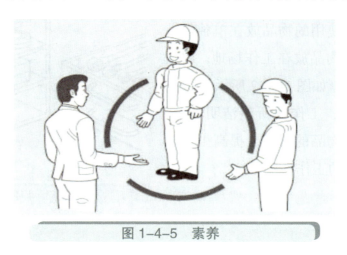

图 1-4-5 素养

6. SAFETY（安全）

清除隐患，排除险情，预防事故的发生，如图 1-4-6 所示。

安全的目的：保障员工的人身安全，保证生产的连续且安全正常地进行，同时减少因安全事故而带来的经济损失。

7. SAVING（节约）

就是对时间、空间、能源等方面合理利用，以发挥它们的最大效能，从而创造一个高效率的、物尽其用的工作场所，如图 1-4-7 所示。

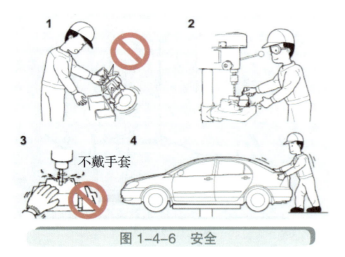

图 1-4-6 安全

图 1-4-7 节约

项目二

汽车整体认知

专题一　发动机基础

> **学习目标** →
>
> 完成本学习任务后,你应当能:
> 1. 掌握发动机的功用、组成及类型;
> 2. 了解发动机的工作原理;
> 3. 掌握发动机实物结构认知。
>
> **学习任务** →
>
> 　　作为汽车行业的相关从业人员,通过本项目的学习,应该能掌握发动机的功用、组成及实物结构认知。

模块一 知识准备

一、发动机的功用及类型

发动机是将某一种热能转化成机械能的机器。其中，将液体或气体燃料与空气混合后输入机器内部燃烧而产生热能，再转变成机械能的热机称为内燃机。发动机是汽车行驶的动力源。

汽油机由两大机构和五大系统组成，分别为曲柄连杆机构、配气机构、起动系统、点火系统、燃料供给系统、冷却系统和润滑系统；而柴油机由于其着火方式为压燃，因此柴油机不需要点火系统，所以柴油机由两大机构和四大系统（起动系统、燃油供给系统、冷却系统和润滑系统）组成。

汽车用发动机根据不同的特征有以下分类。

1. 按所用燃料不同

发动机按所用燃料不同分为汽油机、柴油机、煤油机、煤气机（包括各种气体燃料内燃机）等（见图2-1-1）。

2. 按活塞行程数分类

发动机按活塞行程数不同分为四冲程和二冲程（见图2-1-2）。

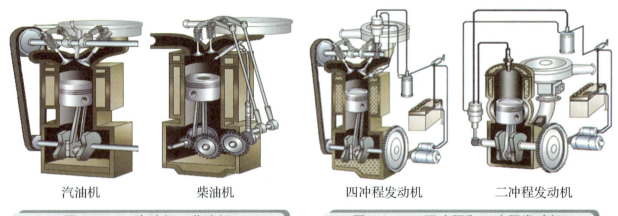

图 2-1-1　汽油机、柴油机　　　　图 2-1-2　四冲程和二冲程发动机

3. 按冷却方式不同

发动机按冷却方式不同分为水冷式和风冷式（见图2-1-3）。

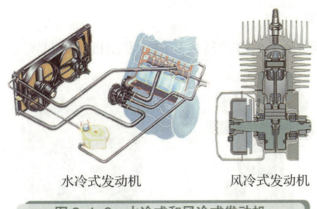

水冷式发动机　　　　风冷式发动机

图 2-1-3　水冷式和风冷式发动机

4. 按气缸排列形式不同

发动机按气缸排列形式不同分为直列式、V形、对置式等（见图2-1-4）。

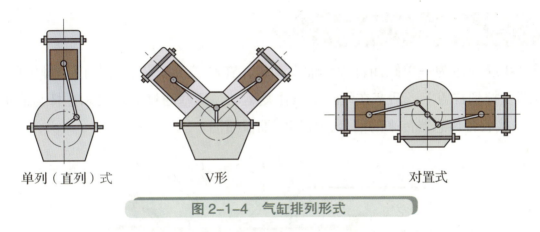

单列（直列）式　　　V形　　　对置式

图 2-1-4　气缸排列形式

5. 按进气系统是否采用增压方式分类

发动机按进气系统是否采用增压方式分为自然吸气（非增压式）发动机和强制进气（增压式）发动机（见图2-1-5）。

自然吸气（非增压式）发动机　　强制进气（增压式）发动机

图 2-1-5　自然吸气和强制进气发动机

6. 按气缸数不同

发动机按气缸数不同分为单缸发动机和多缸发动机等（见图2-1-6）。

单缸发动机　　　　多缸发动机

图 2-1-6　单缸和多缸发动机

二、发动机常用术语

图 2-1-7 所示为一单缸四行程汽油发动机，在缸盖上安装有进气门和排气门，火花塞通过螺纹拧到缸盖上，活塞在气缸里做往复运动，活塞通过活塞销和连杆与曲轴连接，电脑ECU接收各传感器传来的信号，控制喷油器喷油。

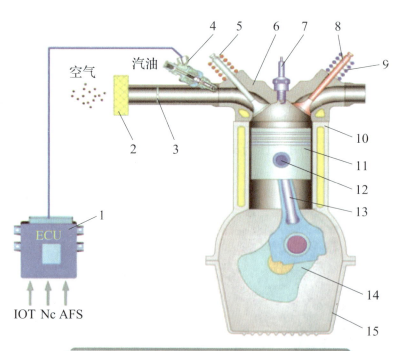

图 2-1-7　单缸四行程汽油发动机

1—ECU；2—空气滤清器；3—节气门；4—喷油器；5—进气门；6—气缸盖；7—火花塞；8—排气门；9—气门弹簧；10—气缸体；11—活塞；12—活塞销；13—连杆；14—曲轴；15—油底壳

描述发动机工作的常用术语如下（见图2-1-8）。

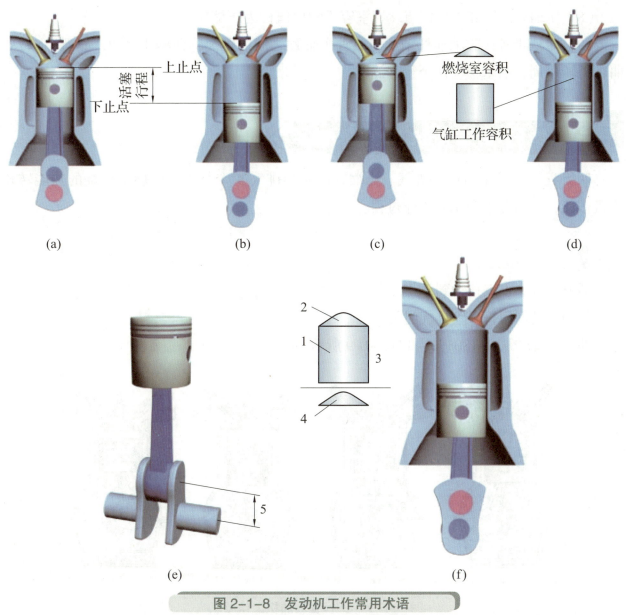

图 2-1-8 发动机工作常用术语

(a) 上止点；(b) 下止点；(c) 燃烧室容积；(d) 气缸工作容积；(e) 曲柄半径；(f) 压缩比
1—工作容积；2—燃烧室容积；3—气缸总容积；4—燃烧室容积；5—曲柄半径

（1）上止点：活塞向上运动到的最高位置，即活塞离曲轴回转中心最远处。

（2）下止点：活塞向下运动到的最低位置，即活塞离曲轴回转中心最近处。

（3）活塞行程：上、下两止点间的距离称为活塞行程。

（4）燃烧室容积：活塞运行到上止点时，活塞上方的容积称为燃烧室容积。

（5）气缸工作容积：上止点到下止点所让出的空间容积，即上、下两止点间的容积称为气缸工作容积。

（6）发动机排量：发动机所有气缸工作容积之和称为发动机的排量。

（7）气缸总容积：活塞运行到下止点时，活塞上方的容积称为气缸总容积，即气缸工作容积与燃烧室容积之和。

（8）压缩比：气缸总容积与燃烧室容积的比值称为压缩比。

（9）曲柄半径：曲轴连杆轴颈与曲轴主轴颈之间的距离称曲柄半径 R，显然，$S=2R$，曲轴每转一周，活塞移动两个行程。

三、四行程汽油机工作原理

四行程汽油机是指通过进气、压缩、做功和排气 4 个行程，将燃料燃烧的热能转化为机械能，下面分别介绍其工作过程。

1. 进气行程

活塞：从上止点移动到下止点。

气门：进气门打开，排气门关闭。

曲轴：旋转从 0~180°，如图 2-1-9 所示。

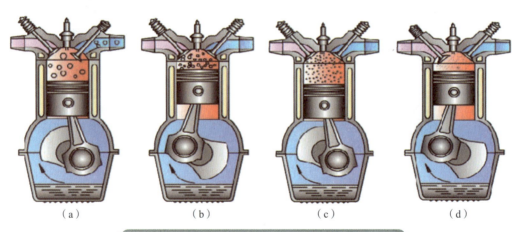

(a) (b) (c) (d)

图 2-1-9 四行程汽油机工作原理

(a) 进气行程；(b) 压缩行程；(c) 做功行程；(d) 排气行程

2. 压缩行程

活塞：从下止点移动到上止点。

气门：进气门关闭，排气门关闭。

曲轴：旋转从 180~360°，如图 2-1-9 所示。

3. 做功行程

活塞：从上止点移动到下止点。

气门：进气门关闭，排气门关闭。

曲轴：旋转从 360~540°，如图 2-1-9 所示。

4. 排气行程

活塞：从下止点移动到上止点。

气门：进气门关闭，排气门开启。

曲轴：旋转从 540°~720°，如图 2-1-9 所示。

四、曲柄连杆机构

1. 作用

曲柄连杆机构的作用是将燃料燃烧时产生的热能转变为活塞往复运动的机械能，再转变为曲轴旋转运动而对外输出动力。

2. 组成

曲柄连杆机构由机体组、活塞连杆组和曲轴飞轮组三组成。

（1）机体组。

如图 2-1-10 所示，机体组主要由气缸盖、气缸垫、气缸体和油底壳等不动件组成。

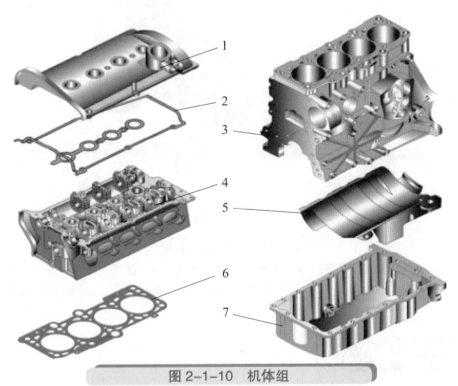

图 2-1-10　机体组

1—气缸盖罩；2—气缸盖罩密封垫；3—气缸体；4—气缸盖；5—挡油板；6—气缸垫；7—油底壳

（2）活塞连杆组。

如图 2-1-11 所示，活塞连杆组主要由活塞、活塞环、活塞销和连杆等组成。

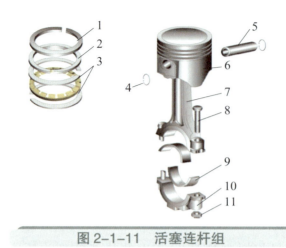

图 2-1-11 活塞连杆组

1—第一道气环;2—第二道气环;3—组合式油环;4—卡环;5—活塞销;6—活塞;
7—连杆;8—连杆螺栓;9—连杆轴承;10—连杆轴承盖;11—连杆螺母

(3) 曲轴飞轮组。

如图 2-1-12 所示,曲轴的作用是把活塞连杆组传来的气体压力转变为转矩对外输出做功。

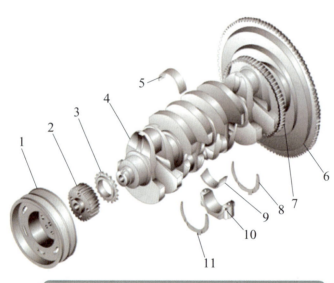

图 2-1-12 曲轴飞轮组

1—带轮;2—曲轴正时齿形带轮;3—曲轴链轮;4—曲轴;5—曲轴主轴承(上);6—飞轮;
7—转速传感器信号发生器;8,11—止推片;9—曲轴主轴承(下);10—曲轴主轴承盖

五、配气机构

1. 作用

配气机构的作用是按照发动机各缸工作循环的需要,定时地开启和关闭进、排气门,使混合气进入气缸,而让燃烧后的废气排出气缸。

2. 组成

如图 2-1-13 所示，配气机构由气门驱动组、气门组两组组成。

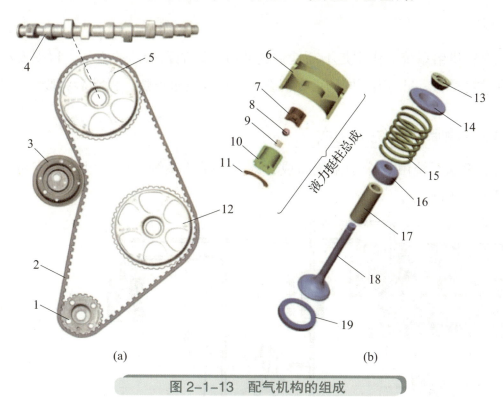

图 2-1-13 配气机构的组成

（a）气门驱动组；（b）气门组

1—曲轴正时带轮；2—正时齿形带；3—张紧轮；4—凸轮轴；5—凸轮轴正时带轮；6—挺柱体；
7—柱塞；8—单向阀；9—弹簧；10—柱塞套；11—托架；12—中间轴带轮；13—气门锁片；
14—气门弹簧座；15—气门弹簧；16—气门油封；17—气门导管；18—气门；19—气门座

3. 工作原理

如图 2-1-13 所示，发动机在进气行程时，要求配气机构将进气门打开，此时曲轴带动曲轴正时带轮转动，通过正时齿形带带动凸轮轴正时带轮转动，凸轮轴正时带轮带动凸轮轴转动。如图 2-1-14 所示，当凸轮轴上的凸轮转过基圆部分后，凸轮的凸起部分将驱动液力挺柱下移，克服进气门弹簧的弹力使进气门下移，打开进气通道，混合气通过进气门进入气缸。随着凸轮的凸起部分的顶点转过液力挺柱以后，凸轮对液力挺柱的推力逐渐减小，进气门在弹簧张力的作用下上移，逐渐关闭进气道，当凸轮转到基圆部分时，凸轮对液力挺柱的推力消失，气门完全关闭时，进气行程结束。

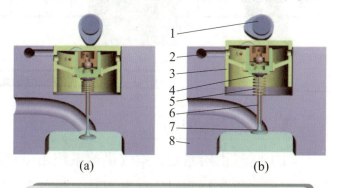

图 2-1-14 配气机构的工作原理

（a）气门打开；（b）气门关闭

1—凸轮轴；2—油道；3—液力挺柱总成；
4—气门弹簧座与锁片；5—气门弹簧；
6—气门导管；7—气门；8—缸盖

六、汽油机燃料供给系统

1. 作用

汽油机燃料供给系统的作用是不断地输送滤清的燃油和清洁的空气，根据发动机各种不同工作情况的要求，配制出不同的可燃混合气，进入气缸燃烧，做功后将废气排入大气。

2. 电控汽油喷射系统的组成

电控汽油喷射系统由 3 个子系统组成，即空气供给系统、燃油供给系统和电子控制系统，如图 2-1-15 所示。

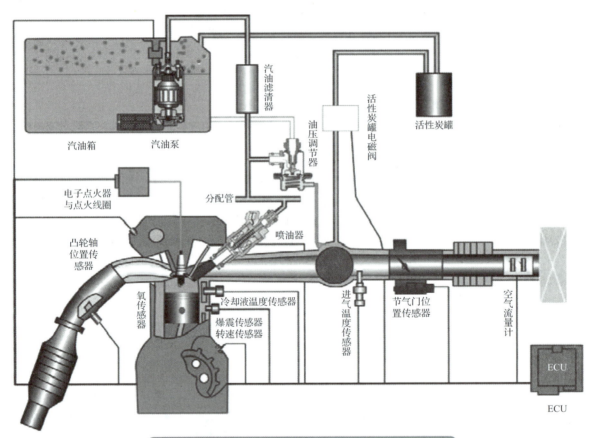

图 2-1-15　汽油机电控燃油喷射系统的组成

3. 系统工作原理

（1）空气供给系统。空气供给系统由空气滤清器、空气流量计、节气门体、进气歧管等组成。进气行程时，活塞下移，进气门打开，活塞上腔产生真空吸力，在真空吸力的作用下，空气经过空气滤清器滤清后进入空气流量计，流量计计量进入的空气量，并将此信号送给电脑 ECU，节气门控制进入气缸的空气量，从而调节发动机的输出功率，经节气门调节的空气量经进气管、进气门进入气缸。

（2）燃油供给系统。燃油供给系统由汽油箱、汽油泵、燃油分配管、油压调节器、喷油器等组成。电脑控制汽油泵电机运转，汽油从油箱中被泵出，泵出来的汽油通过滤清器过滤汽油中的杂质，干净的汽油进入分配管，压力调节器调节系统压力，多余的汽油通过回油管流回油箱，工作时，电脑控制喷油器喷油。

（3）电子控制系统。电子控制系统由传感器、控制单元及执行器组成。当整车供电后，电控单元（ECU）开始不断地从节气门位置传感器、空气流量传感器、氧传感器、进气温度传感器、转速传感器、车速传感器等获得传感器信号和开关信号，以此为依据，计算出发动机各工况下的最佳供油量、最佳点火时刻及最佳怠速等。

七、冷却系统

1. 作用

冷却系统的作用是强制地将发动机燃烧所产生的热量和各摩擦副运动中所产生的热量及时适量地散发出去，使发动机的温度保持在合理的范围内，以保证发动机的正常运转。

2. 组成

如图2-1-16所示，冷却系统主要由水泵、节温器、散热器、冷却风扇及膨胀水箱等组成。

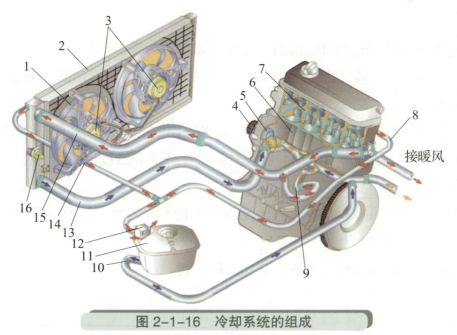

图 2-1-16 冷却系统的组成

1—护罩；2—散热器；3—电动风扇；4—齿形带带轮；5—水泵；6—气缸体水套；7—气缸盖水套；8—发动机水套排气管；9—节气门热水管；10—膨胀水箱管；11—膨胀水箱；12—膨胀水箱盖；13—冷却液下橡胶软管；14—散热器排气管；15—冷却液上橡胶软管；16—电动风扇双速热敏开关

3. 工作原理

冷却系统工作原理分为小循环和大循环。

（1）冷却系统小循环如图 2-1-17 所示。

（2）冷却系统大循环如图 2-1-18 所示。

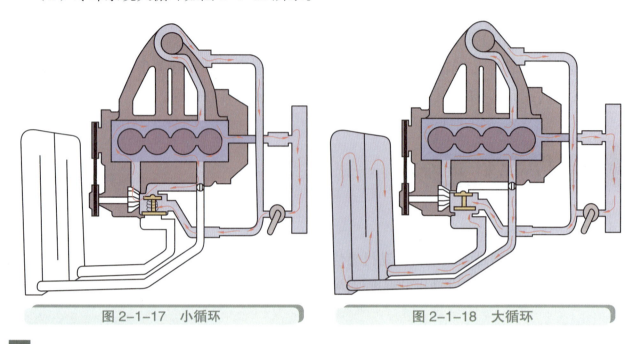

图 2-1-17　小循环　　　　　　　　图 2-1-18　大循环

八、润滑系统

1. 作用

润滑系统的五个作用：润滑、清洁、冷却、密封、防蚀。

（1）润滑：润滑油不断地供给各零件的摩擦表面，形成润滑油膜，减小零件的摩擦、磨损和功率消耗。

（2）清洁：润滑系统通过润滑油的流动，将摩擦副中的杂质冲洗下来，带回到油底壳。

（3）冷却：润滑油流经零件表面，吸收其热量并将部分热量带回到油底壳散入大气中，起到冷却的作用。

（4）密封：润滑油可以补偿零件表面配合的微观不均匀性。例如，可以减小气缸的漏气量，增大压力，起到密封作用。

（5）防蚀：在零件表面形成油膜，防止零件生锈。

2. 组成

如图 2-1-19 所示，润滑系统主要由油底壳、机油泵、机油滤清器、限压阀、油压开关、机油散热器及油道等组成。

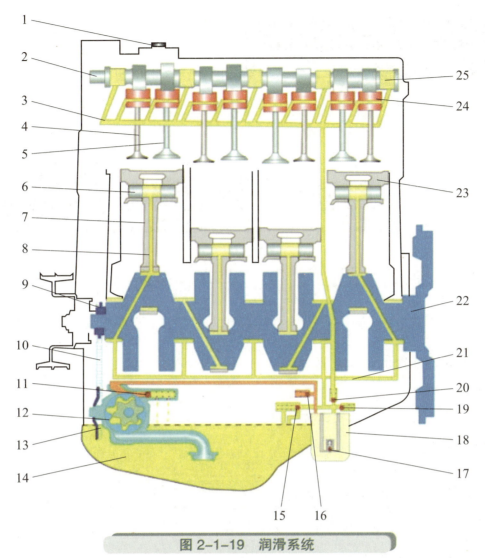

图 2-1-19 润滑系统

1—加机油盖；2—凸轮轴；3—缸盖主油道；4—进气门；5—排气门；6—活塞销；7—连杆；8—连杆油道；9—曲轴链轮；10—链条；11—溢流阀；12—机油泵；13—机油泵链轮；14—油底壳；15—限压阀；16—油压开关；17—旁通阀；18—机油滤清器；19—油压开关；20—单向阀；21—气缸体主油道；22—曲轴；23—活塞；24—液力挺柱；25—凸轮轴支撑轴颈

3. 工作原理

机油泵从油底壳中吸取机油，经过缸体上的油道进入机油滤清器，机油经过滤清器过滤后，被送到发动机缸体主油道，从主油道进入曲轴、中间轴等摩擦副时，对其进行润滑；活塞及活塞环的润滑靠飞溅润滑。一部分机油经缸体上的油道进入缸盖主油道，来自缸盖的主油道的机油润滑凸轮轴支撑轴颈。另外，来自缸盖的主油道进入液力挺柱，为液力挺柱提供工作油压。机油压力信号是由安装在机油滤清器支架上的两个油压开关传递的。

九、起动系统和点火系统

起动系统和点火系统会在汽车电气基础部分讲到，这里不再赘述。

专题二 底盘基础

学习目标

完成本学习任务后，你应当能：
1. 掌握底盘的功用、组成及布置形式；
2. 了解底盘各系统的作用及工作原理；
3. 掌握底盘实物结构认知。

学习任务

作为汽车行业的相关从业人员，通过本项目的学习，应掌握底盘的功用、组成、工作原理及实物结构认知。

模块一 知识准备

一、底盘的功用、组成

汽车底盘用于承载发动机、车身和电气设备等，并传递发动机的动力，通过其本身的各种机构传送到车轮，使汽车行驶。

汽车底盘由传动系统、行驶系统、转向系统、制动系统四部分组成。

二、传动系统

1. 作用

传动系统的功用是将发动机发出的动力传给驱动车轮，使路面对驱动车轮产生一个牵引力，推动汽车行驶。

2. 组成

传动系统由离合器、变速器、万向传动装置、主减速器、差速器和半轴等组成，如图 2-2-1 所示。

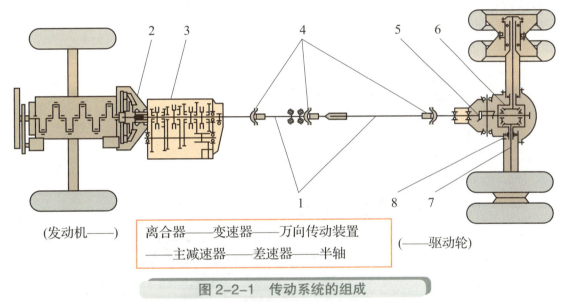

图 2-2-1 传动系统的组成

1—传动轴；2—离合器；3—变速器；4—万向节；5—主减速器；6—差速器；7—半轴；8—驱动桥壳

3. 传动系统的布置方式

汽车传动系统的布置方式有 FF/FR/RR/4WD，如图 2-2-2 所示。

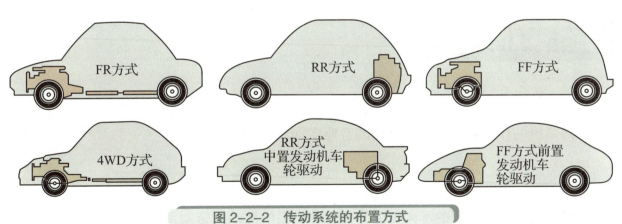

图 2-2-2 传动系统的布置方式

三、行驶系统

1. 作用

（1）接受传动系统的动力，通过驱动轮与路面的作用产生牵引力，使汽车正常行驶；
（2）承受汽车的总重量和地面的反力；
（3）缓和不平路面对车身造成的冲击，衰减汽车行驶中的振动，保持行驶的平顺性；
（4）与转向系统配合，保证汽车操纵稳定性。

2. 组成

行驶系统由车架、车桥、车轮和悬架四部分组成，如图 2-2-3 所示。

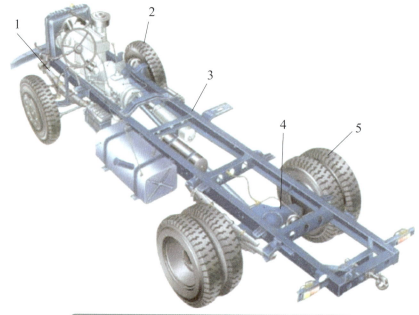

图 2-2-3　载货汽车行驶系统组成
1—悬架；2—车轮；3—车架；4—车桥；5—轮胎

四、转向系统

1. 作用

转向系统的作用就是按照驾驶员的意愿实现汽车转向。

2. 分类

转向系统按转向能源的不同可分为机械转向系统和动力转向系统两大类。

（1）机械转向系统如图 2-2-4 所示。

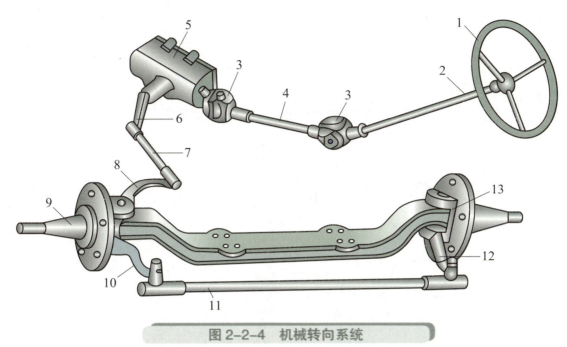

图 2-2-4　机械转向系统

1—转向盘；2—转向轴；3—转向万向节；4—转向传动轴；5—转向器；6—转向摇臂；7—转向主拉杆；
8—转向节臂；9—左转向节；10—左梯形臂；11—转向横拉杆；12—右梯形臂；13—右转向节

（2）液压动力转向系统如图 2-2-5 所示。

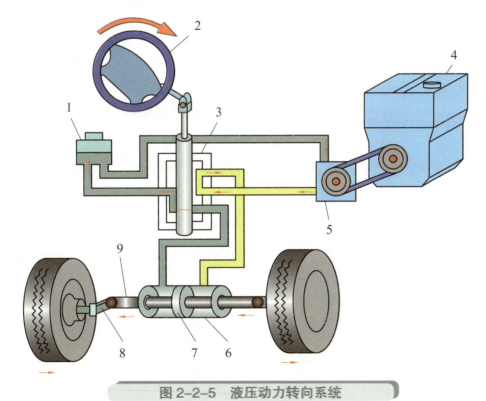

图 2-2-5　液压动力转向系统

1—储液罐；2—转向盘；3—转向控制阀；4—发动机；5—动力转向泵；6—动力缸；
7—活塞；8—转向节；9—活塞杆

（3）电控电动动力转向系统如图2-2-6所示。

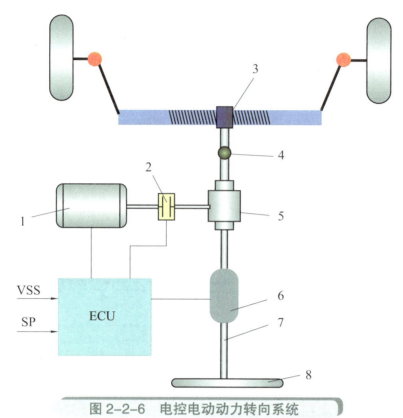

图2-2-6 电控电动动力转向系统

1—转向电动机；2—离合器；3—齿轮齿条转向器；4—万向节；5—减速器；
6—转角和转矩传感器；7—转向轴；8—转向盘

五、制动系统

1. 作用

制动系统的功用是使汽车减速，在最短距离停车，在坡道上停放等。

2. 分类

制动系统按照其主要功用可分为行车制动装置、驻车制动装置。

3. 组成

制动系统主要由车轮制动器、制动传动装置两部分组成。

4. 车轮制动器

汽车上常用的车轮制动器可分为鼓式制动器和盘式制动器两种，它们的区别在于前者摩擦副中的旋转元件为制动鼓,其圆柱面为工作表面,后者的摩擦副中的旋转元件为圆盘状制动盘,其端面为工作表面。

（1）鼓式制动器如图2-2-7所示。

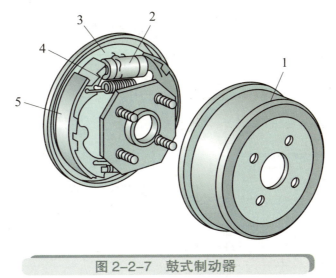

图2-2-7　鼓式制动器

1—制动鼓；2—轮缸；3—制动底板；4—回位弹簧；5—制动蹄

（2）盘式制动器如图2-2-8所示。

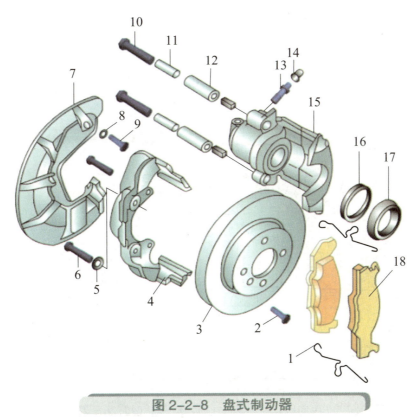

图2-2-8　盘式制动器

1—防振弹簧；2—制动盘固定螺钉；3—制动盘；4—制动钳支架；5—垫圈；6—制动钳固定螺栓；7—防溅盘；8—弹簧垫圈；9—防溅盘固定螺栓；10—制动钳固定螺栓；11—导向销；12—导向销塑料套；13—放气螺钉；14—放气螺钉防尘套；15—制动钳；16—活塞密封圈；17—防尘罩；18—制动块

5. 制动传动装置

制动传动装置按其传力介质不同，可分为液压制动传动装置和气压制动传动装置。

（1）液压制动系统如图 2-2-9 所示。

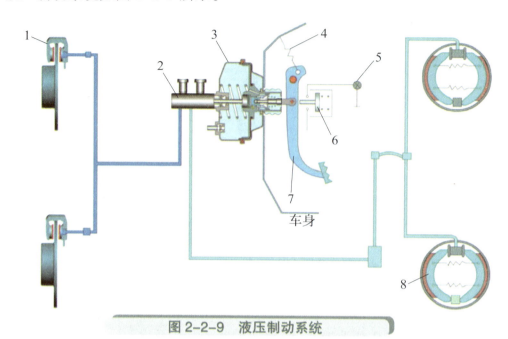

图 2-2-9 液压制动系统

1—前车轮制动器；2—制动主缸；3—真空助力器；4—制动踏板回位弹簧；5—制动灯；6—制动灯开关；7—制动踏板；8—后车轮制动器

（2）气压制动系统如图 2-2-10 所示。

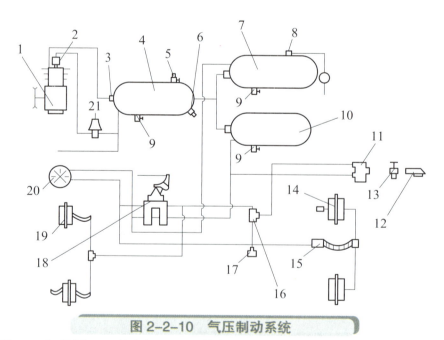

图 2-2-10 气压制动系统

1—空气压缩机；2—卸荷阀；3—单向阀；4—湿储气筒；5—取气阀；6—安全阀；7—后桥储气筒；8—气压过低报警开关；9—放水阀；10—前桥储气筒；11—挂车制动控制阀；12—连接头；13—分离开关；14—后轮制动气室；15—快放阀；16—双通单向阀；17—制动灯开关；18—制动控制阀；19—前轮制动气室；20—双针气压表；21—调压阀

专题三 电气基础

学习目标

完成本学习任务后,你应当能:
1. 掌握汽车电气的功用、组成及结构;
2. 了解汽车电气的工作原理;
3. 掌握汽车电气实物结构认知。

学习任务

作为汽车行业的相关从业人员,通过本项目的学习,应掌握汽车电气的功用、组成及实物结构认知。

模块一 知识准备

一、汽车电气的组成

汽车电气是指汽车上所有的用电设备的总称,它包括电源系统、起动系统、点火系统、照明与信号系统、仪表与报警系统、辅助电气系统等若干个系统。

二、汽车电气的特点

（1）低压。汽油发动机汽车普遍采用12 V电系统，柴油发动机汽车大多数采用24 V电系统。

（2）直流。蓄电池必须使用直流电充电，所以汽车电系统均为直流电系统。

（3）单线制。单线制指从电源到用电设备只用一根导线连接，用汽车发动机、底盘等金属机体作为另一根公用导线。但是在特殊情况下，为了保证电气系统（特别是电子控制系统）的工作可靠性，也需采用双线制。

（4）负极搭铁。由于汽车采用单线制，在接线时电源的一级及用电设备的一端要与金属机体相连，这样的连接称为搭铁。

三、电源系统

1. 作用

汽车电源系统的功用是向整车用电设备提供电能。

2. 组成

电源系统主要由蓄电池（见图2-3-1）、交流发电机和调压器（见图2-3-2）组成。

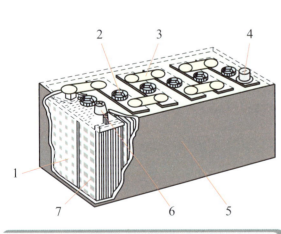

图2-3-1 蓄电池

1—负极板；2—加液孔盖；3—链条；4—负极桩；
5—壳体；6—正极桩；7—正极板

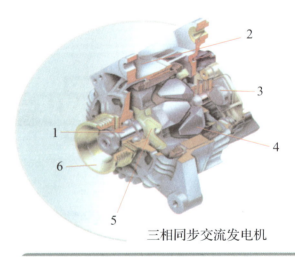

三相同步交流发电机

图2-3-2 交流发电机和调压器

1—转子轴；2—定子；3—电子调节器；4—转子；
5—风扇；6—皮带轮

四、起动系统

1. 作用

起动系统的作用是供给发动机曲轴足够的起动转矩,以便使发动机曲轴达到必需的起动转速,使发动机进入自行运转状态,当发动机进入自行运转状态后,便结束任务立即停止起动工作,现代汽车起动系统主要采用直流电机起动系统。

2. 组成

起动系统由蓄电池、起动机和起动控制电路等组成,如图2-3-3所示。

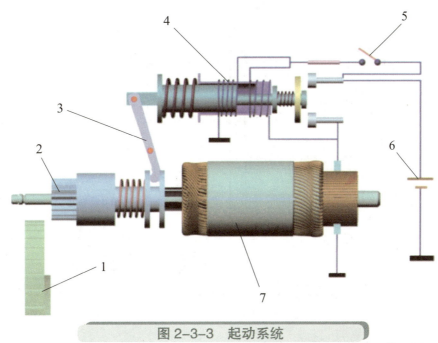

图2-3-3 起动系统

1—飞轮;2—单向离合器;3—拨叉;4—电磁开关;5—点火开关;6—蓄电池;7—起动机转子

五、点火系统

1. 作用

点火系统的作用是使火花塞适时打出电火花,点燃气缸内的混合气。

2. 计算机控制的点火系统的组成

双缸同时点火系统主要由点火控制组件、火花塞、分缸高压线、电控单元ECU、传感器、蓄电池及点火开关组成，如图2-3-4所示。

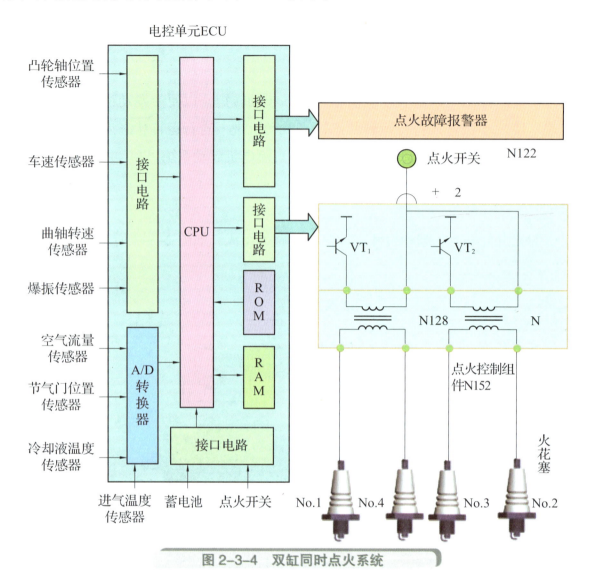

图2-3-4 双缸同时点火系统

六、照明与信号系统

1. 作用

汽车照明系统的作用是夜间汽车的内外照明，是汽车夜间行驶必不可少的照明设备，为了提高汽车的行驶速度，确保夜间行车的安全，减少交通事故和机械事故的发生，汽车上都装有多种照明设备和灯光信号装置。

2. 照明灯

汽车照明灯按其安装位置和用途不同，可分为外部照明灯（见图2-3-5）和内部照明灯（见图2-3-6）。

项目二　汽车整体认知

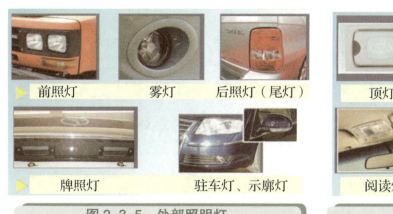

图 2-3-5　外部照明灯

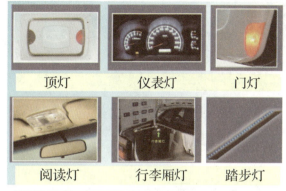

图 2-3-6　内部照明灯

3. 信号灯

信号灯主要包括前/后转向灯、倒车灯、制动灯、后尾灯、组合式前信号灯、组合式后信号灯等。

（1）前组合灯如图 2-3-7 所示。

（2）后组合灯如图 2-3-8 所示。

（3）灯光控制开关旋钮如图 2-3-9 所示。

图 2-3-7　前组合灯

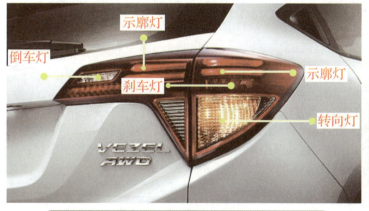

图 2-3-8　后组合灯

图 2-3-9　灯光控制开关旋钮

4. 喇叭

喇叭的作用是警告行人和其他车辆驾驶员注意安全。

七、汽车仪表

1. 作用

汽车仪表用于监测发动机的运转状况，使驾驶员随时观察与掌握汽车各系统的工作状态，正确使用车辆。

2. 汽车仪表

图2-3-10所示是一汽车仪表，它可以显示多达20多项信息。

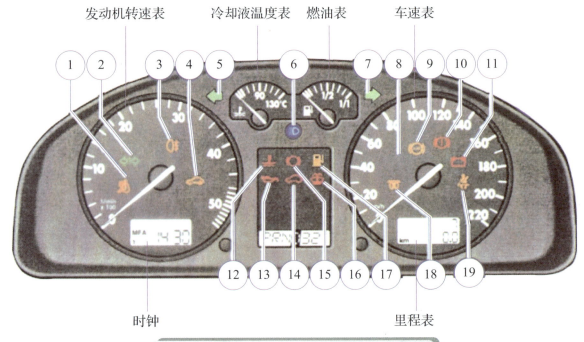

图2-3-10 汽车仪表

1—安全气囊报警灯；2—应急灯；3—后雾灯；4—电子防盗灯；5—左转向指示灯；6—远光指示灯；7—右转向指示灯；8—空位；9—ABS防抱死指示灯；10—手制动灯；11—充电指示灯；12—冷却液报警灯；13—机油压力报警灯；14—后行李厢盖指示灯；15—制动摩擦片磨损报警灯；16—车窗洗涤液报警灯；17—燃油存量报警灯；18—预热装置（柴油发动机）；19—安全带报警灯

项目三
汽车维修常用的量具和工具

专题一　常用的量具

学习目标 →

完成本学习目标后,应当能熟练使用汽车维修中常用的量具,包括游标卡尺、外径千分尺、百分表、塞尺和万用表。

学习任务 →

通过本项目的学习,掌握汽车维修中常用的量具的使用和读数方法,能够正确测量活塞环三隙(背隙、端隙、侧隙)、曲轴轴颈、气缸圆柱度、蓄电池电压等。

模块一 知识准备

游标卡尺、外径千分尺、百分表、塞尺及万用表的使用方法。

引导问题1：汽车维护常用量具常识

（1）游标卡尺、外径千分尺、百分表和塞尺的单位是毫米（mm）。

（2）量具为精密仪器，需轻拿轻放，不得测量高温零件。

（3）游标卡尺、外径千分尺、百分表、塞尺和万用表使用前后均需清洁。

（4）使用游标卡尺、外径千分尺、百分表、塞尺测量前需要清洁测量表面。

（5）游标卡尺、百分表和万用表使用前均需调零或者确认误差量，在测量结果上减去误差量。

（6）万用表使用后要及时关闭。

（7）游标卡尺、千分尺、百分表使用后需要放在专门的收纳盒里。

引导问题2：游标卡尺的使用方法和注意事项

游标卡尺由两个内尺寸测量爪（一个固定内尺寸量爪、一个活动内尺寸量爪）、两个外尺寸测量爪（一个固定外尺寸量爪、一个活动外尺寸量爪）、大标尺、小标尺、尺框、固定螺钉、深度测量爪组成，如图3-1-1所示。测量精度一般标注于大标尺尾部，如图3-1-2所示。

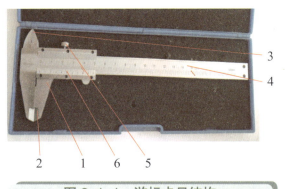

图3-1-1 游标卡尺结构

1—尺框；2—外径测量爪；3—内径测量爪；
4—大标尺；5—固定螺钉；6—小标尺

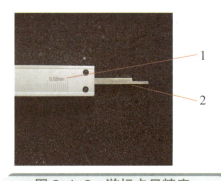

图3-1-2 游标卡尺精度

1—精度；2—深度测量爪

使用方法：

1. 测量前准备

（1）测量前应把卡尺擦干净，如图3-1-3（a）所示。

（2）检查卡尺的两个测量面和测量刃口是否平直无损，如图3-1-3（b）所示。

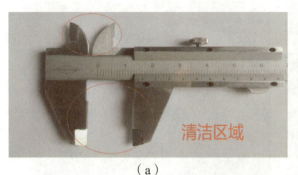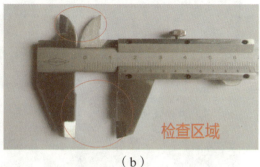

图3-1-3 测量前准备

（a）清洁区域；（b）检查区域

（3）检查游标和主尺的零位刻线要相互对准。这个过程称为校对游标卡尺的调零。如图3-1-4所示。

图3-1-4 校对游标卡尺

2. 测量

（1）测量外尺寸时注意事项。

卡尺两个外尺寸测量爪的两测量面，垂直于被测量表面，不能歪斜。测量时，先把卡尺的活动量爪张开，把零件贴靠在固定量爪上，然后移动尺框，用轻微的压力使活动量爪接触零件。拧紧固定螺钉，再读取尺寸。切不可把卡尺的两个量爪调节到接近甚至小于所测尺寸，把卡尺强制地卡到零件上去。这样做会使量爪变形，或使测量面过早磨损，使卡尺失去应有的精度。如图3-1-5（a）所示。

（2）测量内尺寸时注意事项。

当测量内尺寸时，要使两个内尺寸量爪分开的距离小于所测内尺寸，进入零件内孔后，再慢慢张开内尺寸量爪，轻轻接触零件内表面，用固定螺钉固定尺框后，垂直取出内尺寸量爪后读数。取出内尺寸量爪时，用力要均匀，并使卡尺沿着孔的中心线方向滑出，不可歪斜，免使内尺寸量爪扭伤、变形和受到不必要的磨损，影响测量精度。如图3-1-5（b）所示。

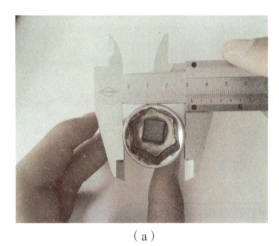 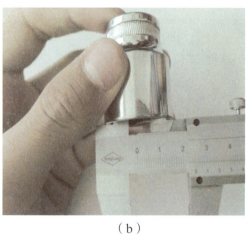

（a） （b）

图 3-1-5 测量内外尺寸注意事项

（a）切勿将卡尺强制卡到零件上；（b）切勿卡尺歪斜

（3）测量深度时注意事项。

测量深度时将游标卡尺的下平面卡在被测件的上平面上，将深度尺垂直伸入被测空间，到达底部时，用固定螺钉固定尺框后，轻轻取出游标卡尺来读数。如图 3-1-6（a）所示。

（4）读取数值时注意事项。

读取数值时应在光线好的地方，让游标卡尺和视线平齐后，读取数值，否则读数不准确。如图 3-1-6（b）所示。

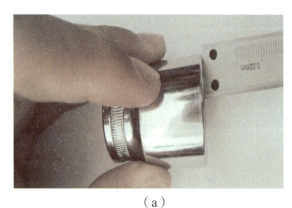 

（a） （b）

图 3-1-6 测量深度和读取数值时注意事项

（a）测量深度时注意事项；（b）读取数值时注意事项

3. 读数

大标尺上每个刻度线为 1 mm，小标尺上每个刻度线为 0.02 mm。读数时，首先读取整数部分，小标尺上的零线在大标尺的哪个数值后面，那么这个数值就是整数部分的数值，如图 3-1-7 所示，小标尺上的零刻度线在大标尺的 31 刻度线后面，那么整数部分的数值就是 31 mm。然后，读取小数部分，观察小标尺上的哪个刻度线与大标尺上的刻度线对齐，此时对齐的两条刻度线在小标尺上的读数为小数部分的读数。小标尺上的每个刻度为 0.02 mm，小标尺上的 0.58 刻度线与大标尺上的刻度线对齐，那么小数部分为 0.58 mm。图片上的读数为 31.58 mm。

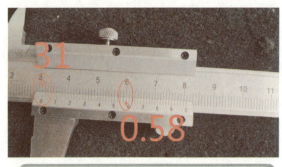

图 3-1-7　读数（1）

如图 3-1-8 所示，首先读取整数部分，小标尺上的零刻度线在大标尺的 9 后面，那么整数部分的数值就是 9 mm。然后读取小数部分，小标尺上的 0.42 刻度线与大标尺上的刻度线对齐，那么小数部分为 0.42 mm。图片上的读数为 9.42 mm。

如图 3-1-9 所示，首先读取整数部分，小标尺上的零刻度线在大标尺的 10 后面，那么整数部分的数值就是 10 mm。然后读取小数部分，小标尺上的 0.6 刻度线与大标尺上的刻度线对齐，那么小数部分为 0.6 mm。需要注意的是，如果小数部分读数为整 10，读数时需要将小数点后补齐两位。比如 10.6 mm 要读作 10.60 mm。

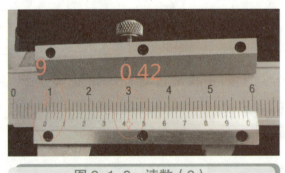

图 3-1-8　读数（2）

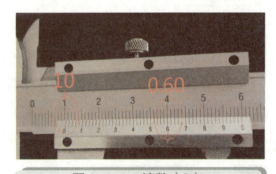

图 3-1-9　读数（3）

引导问题 3：外径千分尺的使用方法和注意事项

（1）外径千分尺的精度为千分之一毫米，也就是 0.001 mm，微小的灰尘或者变形都会影响测量精度，所以，不要用手碰触测砧的测量面，拿千分尺的时候要握住隔热装置，而不是接触金属区。

（2）外径千分尺由测砧、测微螺杆、固定套筒、微分筒、旋钮、锁止装置、隔热装置、调整装置、标准件组成，如图 3-1-10 所示。

（3）使用前，选取测量范围合适的千分尺，一般测量范围标注在隔热装置上，如图 3-1-11 所示。

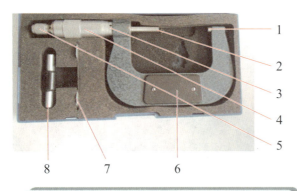

图 3-1-10 外径千分尺结构

1—测砧；2—测微螺杆；3—固定套筒；4—微分筒；
5—旋钮；6—隔热装置；7—调整装置；8—标准件

图 3-1-11 选取测量范围合适的千分尺

1—锁紧装置；2—测量范围

使用方法：

1. 测量前准备

（1）测量前需要先调零。应把测砧和测微螺杆的两个测量端和标准件的两端面擦干净。如图 3-1-12（a）所示。

2. 测量

（1）将标准件放入测量区，先拧紧微分筒，感觉略有接触时，拧紧旋钮，听见"咔咔"声后，锁紧锁紧装置。如图 3-1-12（b）所示。

（2）然后观察固定套筒上的大刻度线和微分筒上的零线是否对齐。如果未对齐，则使用调整装置，旋转固定套筒，使固定套筒上的大刻度线和微分套筒上的零线对齐。如图 3-1-12（c）所示。

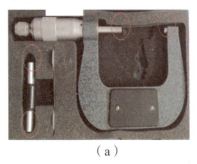
（a）

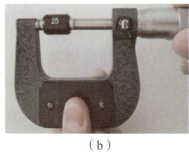
（b）

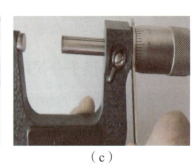
（c）

图 3-1-12 千分尺清洁和调零

（3）测量时，将被测量的零件放在测砧和测微螺杆之间，然后拧紧微分筒，感觉略有接触时，拧紧旋钮，听见"咔咔"声后，锁紧锁紧装置，取下被测零件。如图 3-1-13（a）所示。

（4）在光线较好的地方，将千分尺与视线平齐，读取数值。如图 3-1-13（b）所示。

 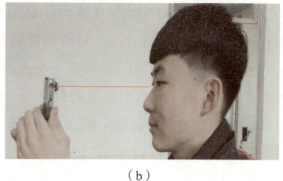

(a)　　　　　　　　　　　　　　(b)

图 3-1-13　千分尺测量和读数

3. 读数

读取数值时，固定套筒上，大刻度线下面的每个小刻度线为 1 mm，大刻度线上面的每个小刻度线为 0.5 mm，微分筒上的每个刻度线为 0.01 mm，第三位小数为估读。

读数时，固定套筒上未被微分筒挡住的，大刻度线下面数值就是整数部分，如图 3-1-14 所示，整数部分为 30 mm。读取小数部分时，先观察固定大刻度线上面的小刻度线是否被微分筒挡住，如果没有被挡住，则在小数部分加 0.5；如果被挡住，则不加。然后观察微

图 3-1-14　千分尺读数（1）

分筒上的哪条刻度线与固定套筒上的大刻度线对齐，或超过哪条刻度线，如图 3-1-14 所示，已超过 30 刻度线，但是不到 31 刻度线，那么小数部分是微分筒上的小数部分的前两位读作 0.30，第三位估读为 0.007，加上固定套筒上的 0.5，小数部分为 0.807 mm，整体读数为 30.807 mm。

如图 3-1-15 所示，整数部分为 51 mm，小数为（0.5+0.393）mm，读数为 51.893 mm。

如图 3-1-16 所示，若微分筒上的刻度线与固定套筒上的大刻度线完全对齐，读数时，需要将小数部分补齐三位。如图 3-1-16 所示，读数为 30.700 mm。

图 3-1-15　千分尺读数（2）　　　　　图 3-1-16　千分尺读数（3）

引导问题 4：百分表的使用方法和注意事项

百分表的精度为 0.01 mm，可以测量轴颈、气缸、缸体等平面或曲面的变形量。大表盘的每个刻度线为 0.01 mm，小表盘的每个刻度线为 1 mm，也就是说大指针转一圈，小指针转动一个刻度线。如图 3-1-17 所示。

使用方法：

图 3-1-17 百分表结构

1—小表针；2—小表盘；3—大表针；4—大表盘

1. 测量前准备

测量前，清洁表的测头。如图 3-1-18（a）所示。

2. 测量

（1）将测头与被测表面接触，并保证小指针至少转动两个刻度。如图 3-1-18（b）所示。

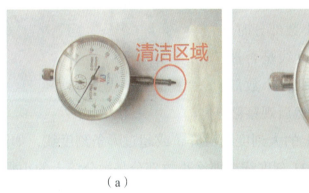

图 3-1-18 百分表清洁和预紧

（2）必要时，可以安装转换头或者加长杆。如图 3-1-19（a）所示。

（3）测量前"校零"，如果大指针未与 0 刻度线对齐，那么转动表盘，让大指针与 0 刻度线对齐，以方便读数。如图 3-1-19（b）所示。

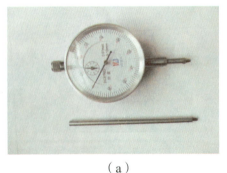
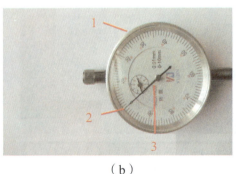

图 3-1-19 百分表的加长杆和校零

1—表盘；2—零刻度线；3—表针

3. 读数

读数时小指针的数值为整数部分，大指针的数值为小数部分。需要注意的是，读取小数部分时，需要把小指针左右转动的刻度加起来。如果不足 100（小指针转动不足一圈），则不读取整数部分。如果小指针转动超过一圈，才需要将其转动的圈数读作整数部分。如图 3-1-20 所示，小数部分为 0.23+0.28，整体读数为 0.51 mm。

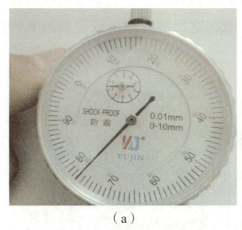
（a）

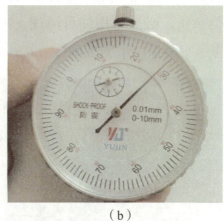
（b）

图 3-1-20 百分表读数

引导问题 5：塞尺的使用方法和注意事项

塞尺又称厚薄规或间隙片，如图 3-1-21 所示，主要用来测量活塞与气缸、活塞环槽和活塞环、进排气门顶端和摇臂、齿轮啮合间隙等两个结合面间的间隙大小。其由一组具有不同厚度级差的钢片组成。塞尺一般由不锈钢制造，每片塞尺的厚度直接标注在尺身上，如图 3-1-22 所示。

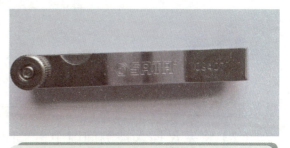

图 3-1-21 塞尺

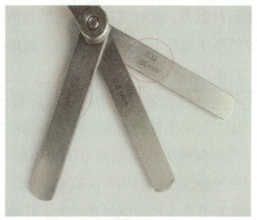

图 3-1-22 塞尺厚度

使用方法：

1. 测量前准备

（1）不能使用弯折的塞尺，以免影响测量的准确度。如图 3-1-23（a）所示。

（2）不能使用生锈的塞尺，以免影响测量的准确度。如图 3-1-23（b）所示。

（3）测量前，先要用干净的布将塞尺测量表面和工件被测量的表面清理干净，不能有油污或其他杂质，必要时用油石清理，不能在塞尺沾有油污或金属屑末的情况下进行测量，否则将影响测量结果的准确性。

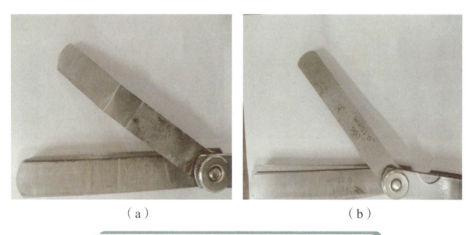

（a）　　　　　　　　（b）

图 3-1-23　塞尺使用注意事项（1）

2. 测量

（1）测量时，形成间隙的两工件必须相对固定，以免因松动导致间隙变化而影响测量效果。

（2）将塞尺插入被测间隙中，来回拉动塞尺，以稍感拖滞为宜。测量时动作要轻，不允许硬插。先选择符合间隙规定的塞尺插入被测间隙，然后一边调整，一边拉动塞尺，直到感觉稍有阻力，此时塞尺所标出的数值即为被测间隙值；如果拉动时阻力过大，则说明该间隙值小于塞尺上所标出的数值；如果拉动时阻力过小，则说明该间隙值大于塞尺上所标出的数值。

（3）不允许在测量过程中剧烈弯折塞尺，或用较大的力硬将塞尺插入被检测间隙，否则将损坏塞尺的测量表面或零件表面的精度。如图 3-1-24（a）所示。

（4）当间隙较大或希望测量出更小的尺寸范围时，单片塞尺已无法满足测量要求，可以使用数片叠加在一起插入间隙中，如图 3-1-24（b）所示。

（5）如需叠加塞尺，应尽量避免多片叠加，片数越少越好，以免造成累计误差。

（6）塞尺较薄较锋利，防止划伤手或其他身体部位。

（7）存放时，不能将塞尺放在重物下，以免损坏塞尺。

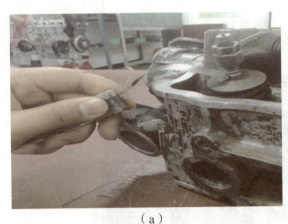

(a)　　　　　　　　　　　　　　　(b)

图 3-1-24　塞尺使用注意事项（2）

3. 读数

如果使用一片塞尺测量，读数时直接读出塞尺上的数值即可。如果使用多片塞尺测量，则需要将各片塞尺上的数值相加。

引导问题 6：万用表的使用方法和注意事项

一般万用表可测量直流电流、直流电压、交流电压、电阻和温度等，有的还可以测交流电流、电容量、电感量及半导体的一些参数，是一种简单实用的测量仪器。如今常用万用表都是数字万用表。

使用方法：

1. 测量前准备

（1）在使用万用表前，应先检查表和表笔是否完好。将万用表调到蜂鸣挡（也称通断挡、二极管挡），将万用表的两个表笔金属部分接触，如果有蜂鸣声，说明表笔接触良好；如果没用蜂鸣声，则需要更换表笔。若更换完表笔后，两表笔金属部分接触，仍旧没用蜂鸣声，则说明万用表表体出现问题。如图 3-1-25（a）所示。

2. 测量

（1）蜂鸣挡的使用。

把万用表的旋钮旋转到二极管标识符所处的位置，短接两表笔，听到蜂鸣器发出响声，说明该挡可以正常使用。该挡经常用来测量保险、二极管和继电器是否正常。如图 3-1-25（b）所示。

（2）电阻挡的使用。

电阻挡是 Ω 符号。在测量时，首先应该判断所测电阻大小，然后选择量程，如果不知道电阻多大，要选择最大的挡，由大到小，逐个试验。由于电阻没有正负之分，因此红黑表笔连在电阻两侧即可，不分正负。

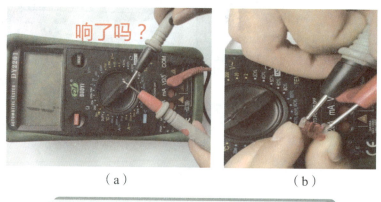

图 3-1-25 万用表的使用（1）

测量电阻前，先调到电阻挡，确定万用表内阻。如图 3-1-26（a）所示。

用测得的元器件的电阻值减去万用表内阻，得到的数值为元器件的真实电阻。电阻值为 84.3−0.01=84.2。如图 3-1-26（b）所示。

（3）电压挡的使用。

电压挡分为交流挡和直流挡。在测量前，先判断测量电压是交流还是直流，然后选择合适量程，如果在测量之前不知道所要测量电压是多少，这时候一定要选择量程最大的挡。常见的就是家庭所使用的交流电，电压为 220 V，汽车上常用的是直流电，电压为 12 V，电脑 USB 插口输出直流电，电压为 5 V。

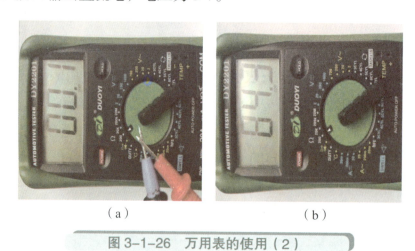

图 3-1-26 万用表的使用（2）

（4）电流挡的使用。

电流挡分为直流电流挡和交流电流挡。测量电流时，首先进行调零，然后选择合适的量程挡。测量电流时，应将万用表串联在被测电路中，因为只有串联，才能使流过电流表的电流与被测支路电流相同。测量时，应断开被测支路，将万用表红、黑表笔串接在被断开的两点之间。应特别注意的是电流表不能并联接在被测电路中，这样极易使万表烧毁。

（5）三极管挡的使用。

这个挡是测量三极管放大参数挡，一般有三个插孔，三极管一种是 NPN，另一种为 PNP，在测量前一定要分清测量的是 NPN 型三极管，还是 PNP 型三极管，由于三极管有三个引脚，每个引脚的功能也都不一样，因此分清引脚之后，按照引脚名称正确地插入到测量插孔，在显示屏上可以直接读出三极管的放大倍数。如图 3-1-27（a）所示。

（6）温度挡的使用。

该挡可以用来测量温度，单位是摄氏度。如图 3-1-27（b）所示。

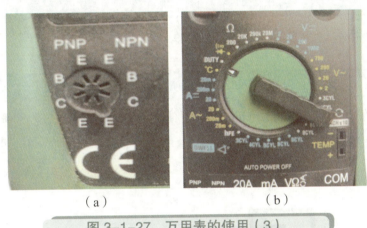

图 3-1-27　万用表的使用（3）

3. 注意事项

（1）在使用过程中，不能用手去接触表笔的金属部分，一方面可以保证测量的准确性，另一方面可以保证人身安全。如图 3-1-28（a）所示。

（2）使用万用表时，必须水平放置。如图 3-1-28（b）所示。

（3）万用表使用完后，应将转换开关调到交流电压的最大挡。如果长期不使用，还应将万用表内部的电池取出来，以免电池腐蚀表内器件。

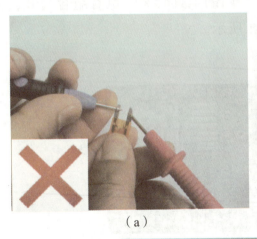

图 3-1-28　万用表的使用（4）

专题二 常用的工具

学习目标

完成本学习目标后，应能熟练使用汽车维修中常用的工具。

学习任务

通过本项目的学习，掌握常用的工具的使用方法和使用环境，能正确、熟练地使用常用工具，能熟练拆装发动机。

模块一 知识准备

各种扳手、改锥、套筒和套头、钳子、锤子、丁字杆等常用工具的使用。

一、常识

（1）汽车维修中有很多常用的工具，有专门的工具套装，也有组合套装，如世达工具套装就是常用的组合工具套装，如图3-2-1所示。

（2）工具使用后需清洁归位。

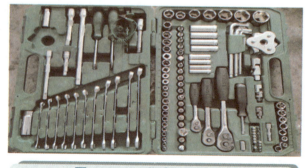

图3-2-1 世达工具套装

二、扳手的使用方法及注意事项

常用的扳手包括开口扳手、梅花扳手、扭力扳手、组合扳手、活口扳手、内六角扳手、棘轮扳手。每个扳手上都有相应的编号，使用时根据情况选取大小合适的扳手。

1. 开口扳手（见图 3-2-2）

使用方法和注意事项：

（1）选取大小合适的开口扳手。保证钳口的直径与螺栓头部直径相符，配合无间隙，然后才能进行操作。如图 3-2-3（a）所示。

图 3-2-2 开口扳手

（2）确保扳手与螺栓完全贴合后才能施力。施力时，一只手摁住开口扳手与螺栓连接处，另一只手施力。如图 3-2-3（b）所示。

（3）扳转时禁止在开口扳手上加套管或者捶击开口扳手，以免损坏扳手或损伤螺栓螺母。如图 3-2-3（c）所示。

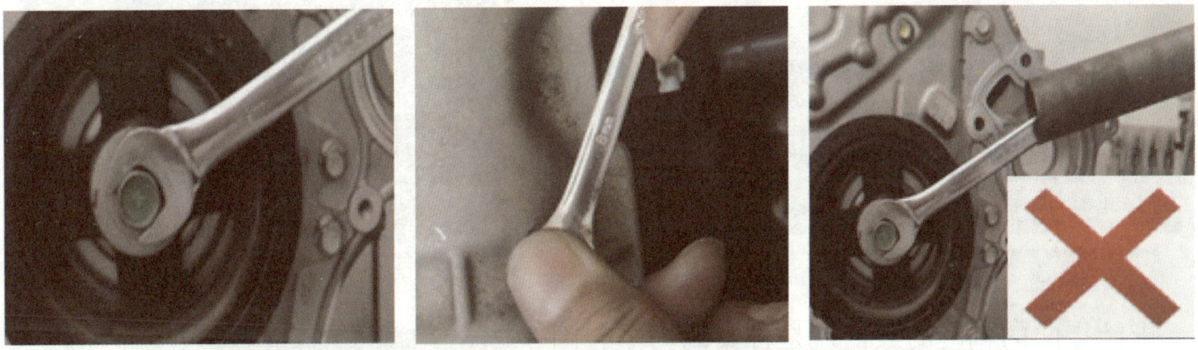

（a） （b） （c）

图 3-2-3 开口扳手的使用

2. 梅花扳手（见图 3-2-4）

使用方法和注意事项：

（1）选取大小合适的梅花扳手。保证钳口的直径与螺栓头部直径相符，配合无间隙，然后才能进行操作。如图 3-2-5（a）所示。

图 3-2-4 梅花扳手

（2）确保扳手与螺栓完全贴合后才能施力。施力时，一只手摁住开口扳手与螺栓连接处，另一只手施力。如图 3-2-5（b）所示。

（3）扳转时禁止在梅花扳手上加套管或者锤击，以免损坏扳手或损伤螺栓螺母。如图 3-2-5（c）所示。

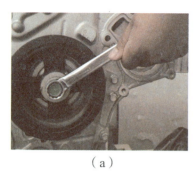
（a）
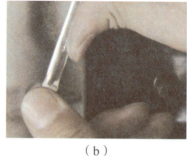
（b）
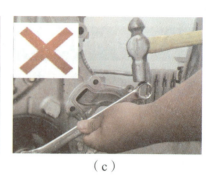
（c）

图 3-2-5　梅花扳手的使用

3. 扭力扳手

扭力扳手常用于拧紧有规定力矩的螺栓或者螺母，或者拧松扭矩较大的螺栓或者螺母。需与套筒或套头配合，常见的扭力扳手有指针式和预置式两种。

使用方法和注意事项：

（1）指针式扭力扳手需要在拧紧时时刻关注指针在表盘上的位置，也就是扭力的大小。如图 3-2-6 和图 3-2-7 所示。

图 3-2-6　指针式扭力扳手

图 3-2-7　指针式扭力扳手的使用

指针指向的刻度的数值就是拧紧的力矩，图 3-2-8 所示的力矩为 50 N·m。

（2）预置式扭力扳手在拧紧之前，先拉下活动套筒，开始旋转活动套筒，设置好力矩，再开始施力。拧紧时，听见"咔咔"声，则表示已经达到预置力矩。如图 3-2-9 和图 3-2-10 所示。

图 3-2-8　指针式扭力扳手的读数

图 3-2-9　预置式扭力扳手

图 3-2-10　预置式扭力扳手的使用

力矩值为扭力扳手上未被活动套筒挡住的刻度线的读数，加上活动套筒上的与扳手上主刻度线对齐的刻度线的读数，图 3-2-11（a）和图 3-2-11（b）所示力矩分别为 29.5 N·m（25+4.5）和 37.5 N·m（35+2.5）。

（a）　　　　（b）

图 3-2-11　预置式扭力扳手读数
1—扭力扳手主体；2—主刻度线；3—活动套筒

4. 其他扳手

使用方法和注意事项：

（1）组合扳手一端为开口扳手，一端为梅花扳手，组合在一起则成为套筒扳手。需要注意的是，开口扳手、梅花扳手和套筒扳手都只能在一定角度拧紧或者拧松，不能转圈拧。如图 3-2-12（a）所示。

（2）活口扳手能拧转不同规格的螺栓或螺母。使用时，将固定开口放在受力面，转动旋钮，调整开口大小。右手握手柄，手越靠后越省力。扳动小螺母时，因需要不断地转动调整旋钮，调节扳口的大小，所以手应握在靠近活动开口，并用大拇指调整旋钮，以适应螺母的大小。如图 3-2-12（b）所示。

（3）内六角扳手是制成 L 形的六角棒状扳手，专用于拧转内六角螺钉。L 形内六角扳手包括长臂及由长臂的一端垂直弯折延伸的短臂。使用时选择合适的大小编号，让内六角扳手全部进入并且垂直螺钉或者螺母时，再用力。如图 3-2-12（c）所示。

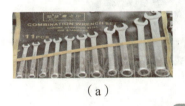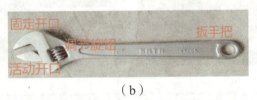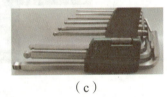

（a）　　　　（b）　　　　（c）

图 3-2-12　其他扳手

（4）棘轮扳手上面有一个调整装置，可以调整受力方向，因其适用于旋转空间较小、狭窄或难以接近的位置的螺栓或螺母，并且棘轮机构弥补了开口扳手和梅花扳手拧一下就需要重新调整角度的缺点，使用时可以调整拧紧和空滑方向，所以应用非常广泛。如图 3-2-13（a）和图 3-2-13（b）所示。

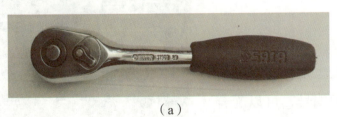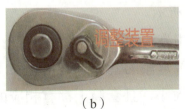

（a）　　　　（b）

图 3-2-13　棘轮扳手

三、改锥使用方法及注意事项

改锥是一种用来拧转螺钉以使其就位的工具,又称为螺丝刀、起子、改刀、旋凿。通常有一个特制的头,可插入螺钉顶部的凹槽内,常见的是一字改锥和十字改锥。

使用方法和注意事项:

(1)一字改锥用来旋转顶部有一字凹槽的螺钉。如图3-2-14(a)所示。

(2)十字改锥用来旋转顶部有十字凹槽的螺钉。如图3-2-14(b)所示。

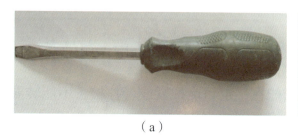
(a)
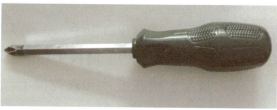
(b)

图 3-2-14 改锥

(3)注意不能把改锥当錾子使用。如图3-2-15(a)所示。

(4)注意不能把改锥当撬棍使用。如图3-2-15(b)所示。

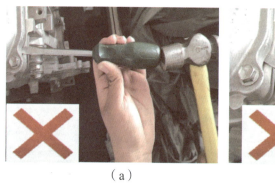
(a)
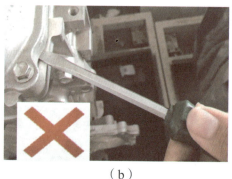
(b)

图 3-2-15 改锥的使用

四、套筒和套头的使用方法及注意事项

套筒和套头可以与接杆、扭力扳手或棘轮扳手一起配合,来拧转螺钉或螺母,以使其就位。如图3-2-16所示。

使用方法和注意事项:

(1)常用的套筒有六角孔和十二角孔。套筒有不同的大小,且套筒上都有相应的编号,可以配合手柄、接杆、棘轮扳手等使用。使用时根据情况选

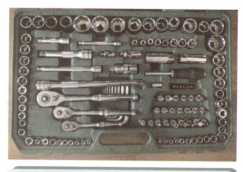

图 3-2-16 套筒与套头

取大小合适的套筒，确保套筒完全并垂直套在螺钉或螺母上，再开始施力。扭动前必须把手柄接头安装稳才能用力，防止打滑脱落伤人。如图 3-2-17（a）所示。

（2）常用的套头包括各种形状和大小，可以配合手柄、接杆、棘轮扳手等使用。使用时根据情况选取大小合适的套头，确保套头完全并垂直进入螺钉，再开始施力。扭动前必须把手柄接头安装稳才能用力，防止打滑脱落伤人。如图 3-2-17（b）所示。

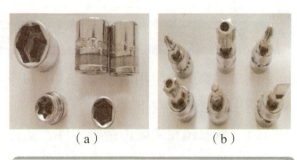

图 3-2-17　常用的套筒和套头

五、钳子使用方法及注意事项

钳子种类很多，有钢丝钳、尖嘴钳、斜嘴钳、鹰嘴钳、卡簧钳、鲤鱼钳、管钳、圆嘴钳等，而汽车修理常用的有钢丝钳、尖嘴钳、剥线钳、卡簧钳等。注意不能用钳子拧转螺栓或螺母，不能当撬棍使用，不能当锤子使用。

使用方法和注意事项：

（1）钢丝钳是一种日常工具，它可以把坚硬的细钢丝夹断，它有不同的种类。在工艺、工业、生活中都经常用到。如图 3-2-18（a）所示。

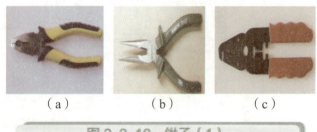

图 3-2-18　钳子（1）

（2）尖嘴钳又叫修口钳、尖头钳、尖嘴钳。它由尖头、刀口和钳柄组成，电工用尖嘴钳一般由 45 钢制作，类别为中碳钢。含碳量 0.45%，韧性、硬度都合适。如图 3-2-18（b）所示。

（3）剥线钳为电动机修理、仪器仪表电工常用的工具之一，它由刀口、压线口和钳柄组成。剥线钳的钳柄上套有额定工作电压 500 V 的绝缘套管。剥线钳适宜用于塑料、橡胶绝缘电线、电缆芯线的剥皮。使用方法：将待剥皮的线头置于钳头的刃口中，用手将两钳柄一捏，然后一松，绝缘皮便与芯线脱开。如图 3-2-18（c）所示。

（4）直口卡簧钳，主要用来安装或者拆卸卡簧或者卡环。如图 3-2-19（a）所示。

（5）弯口卡簧钳，主要用来安装或者拆卸卡簧或者卡环。如图 3-2-19（b）所示。

图 3-2-19　钳子（2）

六、锤子使用方法及注意事项

汽车维修工常使用的锤子是铁锤和橡胶锤。

使用方法和注意事项：

（1）橡胶锤用来敲击精密零件，防止零件变形。如图3-2-20（a）所示。

（2）铁锤一般用于敲击厚重零件。如图3-2-20（b）所示。

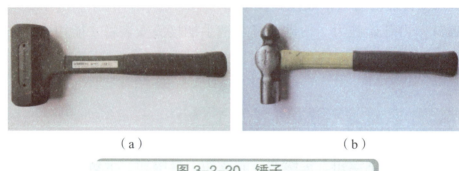

图3-2-20 锤子

（3）铁锤与精密零件接触时，需要配合铜棒。如图3-2-21（a）所示。

（4）铜棒的硬度较低，可以吸收外力，防止零件变形。如图3-2-21（b）所示。

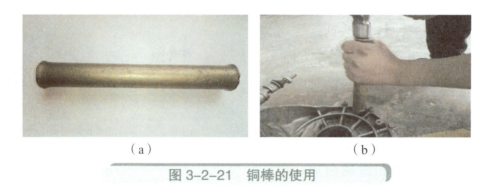

图3-2-21 铜棒的使用

七、丁字杆使用方法及注意事项

丁字杆一般用于空间较大的场合，下端套筒有不同大小，用于不同大小的螺母或者螺钉。

使用方法和注意事项：

（1）使用时选取与螺钉或者螺母大小合适的型号。如图3-2-22（a）所示。

（2）使用时，双手各握住把手一端，在下端与螺钉或者螺母完全并垂直接触时，开始用力。如图3-2-22（b）所示。

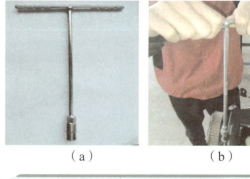

图3-2-22 丁字杆的使用

八、其他常用工具使用方法及注意事项

汽车维修中还会用到一些特殊工具，比如火花塞套筒、加长杆、万向链接、机油滤清器扳手、活塞卡箍、拉拔器等。

使用方法和注意事项：

（1）火花塞套筒。用于手工拆装火花塞的专用工具，其结构与普通套筒相似，但是深度较大，可以在拆装火花塞时，防止碰伤火花塞。使用时，根据火花塞的装配位置和火花塞六角的尺寸，选用不同高度和径向尺寸的火花塞套筒。拆装火花塞时，应套正火花塞套筒再扳转，以免套筒滑脱。如图3-2-23（a）所示。

（2）加长杆。加长杆用于拆装普通扳手深度不够的螺栓或者螺母，下端有不同型号，可以与不同型号的棘轮扳手、扭力扳手等配合。如图3-2-23（b）所示。

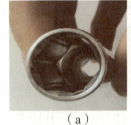 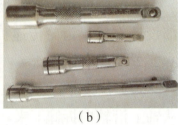

（a）　　　　　　　（b）

图3-2-23　火花塞套筒和加长杆

（3）万向链接。万向链接用于空间较小、施力点和受力点不在同一水平线的场合。如图3-2-24（a）所示。

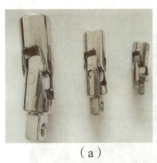 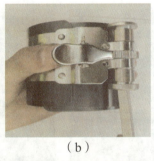

（a）　　　　　　（b）

图3-2-24　万向链接和活塞卡箍

（4）活塞卡箍。活塞卡箍是安装活塞的专用工具。使用时，将活塞卡箍套在活塞上，然后拧紧专用扳手，卡箍收紧，将活塞环收到活塞环槽里，然后将活塞捅入气缸内。松开卡箍时，一手按住卡箍上的按钮，一手反方向旋转扳手，切不可只用一只手旋转扳手，防止崩脱。如图3-2-24（b）所示。

（5）杯式滤清器扳手。杯式滤清器扳手类似一个大型套筒，拆卸不同车型的滤清器需要不同尺寸的扳手，多为组套形式配装。在使用时，将杯式滤清器扳手套在机油滤清器顶部的多棱面上，使用方法同套筒扳手。如图3-2-25（a）所示。

（6）钳式滤清器扳手。钳式滤清器扳手可以说是钳子的改型产品，使用方法同鲤鱼钳。如图3-2-25（b）所示。

（7）环形滤清器扳手。环形滤清器扳手的结构为一个可以调节大小的环形，环形内侧设计为锯齿状。使用时，将其套在滤清器顶部的棱面上，扳动手柄，扳手的环形会根据滤清器的大小合适地卡在棱面上，顺利地完成拆装工作。如图3-2-25（c）所示。

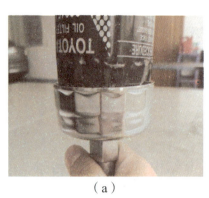
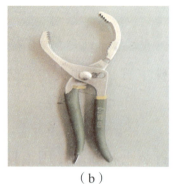

（a）　　　　　　　　　（b）　　　　　　　　　（c）

图 3-2-25　机油滤清器扳手

（8）三爪式滤清器扳手。三爪式滤清器扳手需配套套筒手柄或是扳手使用，其内部设计有行星齿轮传递机构，可以根据机油滤清器的大小自动调节三爪的大小。如图3-2-26（a）所示。

（9）拉拔器。三爪拉拔器是汽车维修中经常使用的拉拔器，主要用来将损坏的轴承从轴上沿轴向拆卸下来。使用时，用拉爪抓住所要拆卸的部件，使用扳手旋进螺旋杆。随着螺旋杆的旋入，拉臂上就会产生很大的拉力，直到把部件拆下。如图3-2-26（b）所示。操作三爪拉拔器时，手柄转动要均匀，拉爪装夹要平衡，不要歪斜，不要硬拉；另外，拆卸轴承时，拉爪应钩在其内套平面上，不能外撇。如图3-2-26（c）所示。

（a）　　　　　　　　　（b）　　　　　　　　　（c）

图 3-2-26　机油滤清器扳手和拉拔器

项目四　常用设备的使用

专题一　举升机的使用

学习目标

完成本学习模块后，你应当能：

1. 了解举升机的结构；
2. 掌握举升机的正确使用方法。

学习任务

　　一辆卡罗拉轿车维护里程数已到，需要到4S店进行定期维护，其中需要给车辆更换机油，需安全举升车辆，作为维修技师的你请正确操作举升机并完成相关维护保养专题。

模块一 知识准备

引导问题 1：举升机的机构认识

以双柱举升机为例，其一般由立柱、液压系统、短举升臂、长举升臂、起动装置、机械安全锁和操作装置组成，如图 4-1-1 所示。

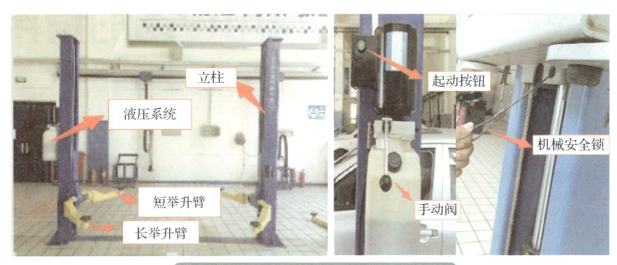

图 4-1-1 双柱举升机

引导问题 2：举升机的预检

在使用举升机之前，应先对举升机进行预检工作，避免举升机在使用过程中，出现危险情况。

（1）检查液压油是否充足，检查举升支臂是否正常，检查举升垫块是否老化，如图 4-1-2 所示。

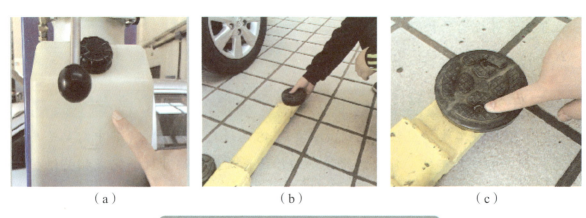

图 4-1-2 使用前对举升机预检
（a）液位检查；（b）支臂检查；（c）垫块检查

模块二 使用操作

举升车辆步骤:

(1) 安装举升支臂,如图 4-1-3 所示。

(2) 略微举升,检查举升支臂安装是否正确,如图 4-1-4 所示。

图 4-1-3 安装举升支臂

图 4-1-4 检查安装是否正确

(3) 拔下卡锁,锁死举升支臂,如图 4-1-5 所示。

(4) 继续举升,至车辆刚好离开地面,如图 4-1-6 所示。

图 4-1-5 锁死举升支臂

图 4-1-6 举升至离开地面

(5) 按压车辆前部,检查车辆是否平稳,如图 4-1-7 所示。

(6) 继续举升至作业高度,如图 4-1-8 所示。

图 4-1-7 检查车辆是否平稳

图 4-1-8 继续举升

（7）按下下降杆，锁止举升支臂，如图 4-1-9 所示。

（8）略微上升，如图 4-1-10 所示。

图 4-1-9 锁止举升支臂

图 4-1-10 略微上升

（9）拉下举升支臂中间的保险绳，听到"咣当"声停止，如图 4-1-11 所示。

（10）按下下降杆，降下车辆，如图 4-1-12 所示。

图 4-1-11 拉下保险绳

图 4-1-12 降下车辆

（11）收起举升支臂，如图 4-1-13 所示。

（12）作业完成后，清洁场地，如图 4-1-14 所示。

图 4-1-13 收起举升支臂

图 4-1-14 清洁场地

专题二 轮胎拆装机的使用

学习目标

完成本学习模块后，你应当能：

1. 了解轮胎拆装机的组成；
2. 了解轮胎拆装机的使用方法。

学习任务

一辆卡罗拉轿车左前胎漏气，需要到 4S 店进行检修，其中需要对轮胎进行拆装，作为维修技师的你请正确使用轮胎拆装机并完成对轮胎的检查专题。

模块一　知识准备

引导问题：轮胎拆装机的结构是什么？

轮胎拆装机由机座、风压铲、工作盘、夹具、立柱、升降杆、拆装器及功能踏板组成，如图 4-2-1 所示。

图 4-2-1　拆装机机构

模块二 使用操作

轮胎的拆装：

（1）为拆卸轮胎放气，如图4-2-2所示。

（2）清除轮胎平衡块杂物，如图4-2-3所示。

图4-2-2 放气

图4-2-3 清除杂物

（3）用分压铲分离轮辋与轮胎，如图4-2-4所示。

（注：轮胎要垂直放置，风压铲避开气门嘴位置）

（4）固定轮辋，如图4-2-5所示。（注：轮辋正面朝上）

图4-2-4 分离轮辋与轮胎

图4-2-5 固定轮辋

（5）拆卸轮胎上缘，使轮胎上缘脱离轮辋，如图4-2-6所示。

（注：需涂抹润滑剂）

（6）拆卸轮胎下缘，使轮胎与轮辋彻底脱离。如图4-2-7所示。

图4-2-6 拆卸轮胎上缘

图4-2-7 拆卸轮胎下缘

（7）轮辋卡紧在工作盘上，安装轮胎下缘到轮辋上，如图4-2-8所示。

（注：在轮胎唇边涂少许润滑剂）

（8）用同样的方法把轮胎上缘也装到轮辋上，如图4-2-9所示。

（注：在装轮胎上边缘时，要边转边压）

（9）轮胎拆装操作结束后关闭气源，及时清理场地。

图4-2-8　安装轮胎下缘

图4-2-9　安装轮胎上缘

专题三　轮胎动平衡机的使用

学习目标 →

完成本学习模块后，你应当能：

1. 了解轮胎动不平衡原因；
2. 正确使用轮胎动平衡机。

学习任务 →

一辆卡罗拉轿车高速行驶时方向盘抖动，请你对该车进行检查。

模块一 知识准备

引导问题1：什么是轮胎动平衡？

汽车的车轮是由轮胎、轮毂等组成的一个整体。但由于制造或者装配的原因，这个整体各部分的质量分布不可能非常均匀。当汽车车轮高速旋转起来后，就会形成动不平衡状态，出现车辆在行驶中车轮振动、方向盘抖动现象。

为了避免这种现象或是消除已经发生的这种现象，就要使车轮在动态情况下通过增加配重的方法，校正车轮使各边缘部分质量分部均衡。这个校正的过程就是人们常说的动平衡。

引导问题2：造成轮胎动不平衡的原因是什么？

导致轮胎动不平衡的原因主要有以下几种：

（1）轮毂、制动盘（鼓）加工时轴心定位不准、加工误差大、热处理变形、使用中变形或磨损不均；

（2）轮毂螺栓质量不等，轮毂质量分布不均或径向圆跳动、端面圆跳动太大；

（3）轮胎质量分布不均，尺寸或形状误差大，使用中变形或磨损不均，使用翻新胎或补胎；

（4）轮毂、轮胎螺栓、轮辋、轮胎等拆卸后重新组装成轮胎时，破坏了原来的平衡；

（5）车辆发生事故时，碰撞导致车轮变形，破坏了原来的动平衡状态；

（6）轮胎不正常磨损会导致车轮质量分布不均，出现动不平衡。

总结起来就是轮胎、轮辋装配不正确，制造时存在误差，发生事故及轮胎不正常的磨损都会导致车轮动平衡出现异常。

引导问题3：如何减少做动平衡的次数？

（1）每月至少检查一次包括备胎在内的所有轮胎气压；

（2）定期检查轮胎表面是否有明显的伤痕、鼓包等，并及时补胎和更换受损轮胎；

（3）定期进行轮胎换位；

（4）行车时要避开道路上的坑洞或者路肩，如无法避免应减速通过；

（5）轮胎怕晒，停车时建议将车辆停于阴凉处避免阳光直射，还要注意不要和油、酸、碳氢化合物等化学品接触防止轮胎过早老化；

（6）做动平衡时打上的平衡铅块在经过颠簸路面时可能会掉落，所以应该经常检查，如已丢失，应立即做动平衡。

模块二 使用操作

轮胎动平衡：

（1）清除轮胎内外两侧的平衡块和杂物，清除轮胎花纹内的杂物，例如石块、配重块、泥等，如图 4-3-1 所示。

（2）检查胎压（注：胎压标准值为 2.5 bar 左右），如图 4-3-2 所示。

图 4-3-1 清除杂物

图 4-3-2 检查胎压

（3）安装固定轮胎，使轮辋中心孔位置处在锥体中心左右位置（选择适合锥体）并锁紧螺母，如图 4-3-3 所示。

（4）测量轮辋肩部到机箱距离，如图 4-3-4 所示。

（注：开启电源开关，显示板显示仪器内相关的字符，并将所测数据输入到平衡机中）。

图 4-3-3 安装固定轮胎

图 4-3-4 测量距离

（5）测量轮辋宽度，用卡规测量出被平衡轮辋的宽度，并将所测数据输入到平衡机中，如图 4-3-5 所示。

（6）找到轮胎上表示轮辋直径的对应参数，并将所测数据输入到平衡机中，如图 4-3-6 所示。

（注：每当开启电源进行操作时，必须调节以上三项标准值。）

图 4-3-5 测量轮辋宽度

图 4-3-6 查看直径

（7）进行测量，按下（start）开始按键，轮胎动平衡测试采样开始，待自动停机后，自动显示结果，如图 4-3-7 所示。

（8）找平衡点，用手缓慢转动车轮，当出现"点阵符"全部时，即停止转动车轮，如图 4-3-8 所示。

图 4-3-7 开始测量

图 4-3-8 找平衡点

（9）选择相应平衡重块打在车轮钢圈上（应在失重较大的一侧）进行平衡卡紧，如图 4-3-9 所示。

（10）对零平衡，再次操作平衡机，当显示屏显示"0 0"时，则认为轮胎处于动平衡状态，如图 4-3-10 所示。（注：动平衡机运行时，操作人员禁止正面面对车轮）

（11）整理清洁，车轮动平衡机操作结束后关闭电源，及时清理卫生。

图 4-3-9 安装平衡块

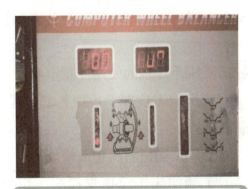

图 4-3-10 对零平衡

专题四 卧式液压千斤顶的使用

学习目标

完成本学习模块后,你应当能:

1. 了解卧式液压千斤顶的操作使用要求;
2. 了解卧式液压千斤顶的使用注意事项;
3. 掌握卧式液压千斤顶的使用方法。

学习任务

一辆卡罗拉轿车需要更换备胎,其中需要使用卧式千斤顶,作为维修技师的你请正确操作千斤顶并完成备胎的更换。

模块一 知识准备

千斤顶是一直起重高度较小(一般小于 1 m)的简单起重设备。卧式液压千斤顶使用方便,行程较长,但尺寸较大,不宜随车携带,是汽车维修企业的一种常用设备,如图 4-4-1 所示。

卧式液压千斤顶的使用注意事项:

(1)使用前需检查千斤顶各部位是否正常、有无漏油痕迹。

(2)千斤顶切记超高超载使用。

(3)车辆使用千斤顶支撑时,切勿启动或运行发动机。

图 4-4-1 卧式液压千斤顶

（4）车辆使用千斤顶支撑时，切勿让任何人员坐在车内。

（5）车辆使用千斤顶支撑时，切勿让任何人员进入车下。

模块二　使用操作

更换汽车备胎：

（1）将车辆停在水平地面上，变速器挡位置于空挡或者P挡，拉紧手刹，如图4-4-2所示。

（2）将卧式液压千斤顶回位后，顺时针拧紧握杆，如图4-4-3所示。

图4-4-2　停稳车辆

图4-4-3　千斤顶准备

（3）用扳手拧松轮胎固定螺栓，但请勿拧下，如图4-4-4所示。

（4）将千斤顶推拉到汽车下方，千斤顶上的支撑托盘对准汽车厂规定的支撑部位，如图4-4-5所示。

图4-4-4　拧松轮胎固定螺栓

图4-4-5　找准顶起位置

（5）反复按压千斤顶握杆，将车辆举升至刚好有换胎空间的高度即可，如图4-4-6所示。

（6）拆下轮胎固定螺栓，调换上备胎，装上轮胎螺栓，如图4-4-7所示。

图4-4-6 顶起车辆

图4-4-7 拆下轮胎固定螺栓

（7）逆时针方向小心拧松千斤顶握杆，将车辆降下，如图4-4-8所示。

（8）按规定力矩和次序拧紧轮胎螺栓，拉出千斤顶，如图4-4-9所示。

（9）将卧式液压千斤顶回位，顺时针方向拧紧握杆，调换备胎结束。

图4-4-8 降下车辆

图4-4-9 拧紧轮胎螺栓

专题五　四轮定位仪的使用

学习目标

完成本学习模块后，你应当能：

1. 了解什么是四轮定位；
2. 了解什么情况下需要做四轮定位；
3. 掌握四轮定位仪的使用方法。

学习任务

一辆卡罗拉轿车直行时方向盘不正，需要到 4S 店进行四轮定位，作为维修技师的你请正确操作四轮定位仪并完成相关维护保养专题。

模块一　知识准备

引导问题 1：什么是汽车的车轮定位？

现代汽车的车轮定位是指车轮、悬架系统元件以及转向系统元件，安装到车架（或车身）上的几何角度与尺寸须符合一定的要求，保证汽车行驶的稳定性和安全性，减少汽车的磨损和油耗。

引导问题 2：四轮定位维修的好处是什么？

（1）增加行驶安全。
（2）直行时方向盘正直。
（3）转向后方向盘自动回正。
（4）减少汽油消耗。
（5）减少轮胎磨损。

（6）维持直线行车。

（7）增加驾驶控制感。

（8）降低悬挂配件磨损。

引导问题 3：何时需做四轮定位？

（1）汽车年检前。

（2）新车行驶达 3 000 km 时。

（3）每半年或车辆行驶达 1 万 km 时。

（4）更换或调整轮胎、悬架（挂）或转向系统有关配件后。

（5）更换转向系统及零件时。

（6）直行时方向盘不正。

（7）直行时需紧握方向盘。

（8）直行时车辆往左或往右拉。

（9）车辆转向时，方向盘太重或无法自动回正。

（10）行驶时感觉车身摇摆不定或有飘浮感。

（11）轮胎不正常磨损，如前轮或后轮单轮磨损。

（12）碰撞事故车维修后。

模块二 使用操作

四轮定位：

（1）询问车主车辆故障现象并检查车况。

（2）定位前准备（主要指铺设三件套），并试车。

（3）引导作业车辆上工位。

（4）放置楔形块，并保证车辆处于空载状态，如图 4-5-1 所示。

（5）调整转角盘位置，如图 4-5-2 所示。

图 4-5-1 放置楔形块

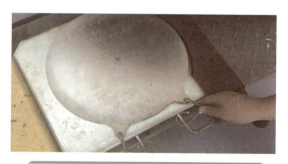

图 4-5-2 调整转角盘位置

（6）推车使前轮至转角盘中心，如图4-5-3所示。

（7）用楔形块掩好车轮，如图4-5-4所示。

图 4-5-3　推动车辆

图 4-5-4　掩好车轮

（8）打开举升机电源，举升车辆并落锁，如图4-5-5所示。

（9）检查轮胎花纹深度，如图4-5-6所示。

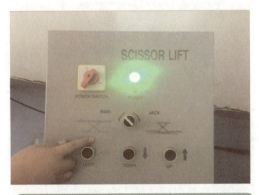

图 4-5-5　举升车辆

图 4-5-6　检查轮胎花纹深度

（10）检查轮胎气压，如图4-5-7所示。

（11）检查车辆底盘，如图4-5-8所示。

图 4-5-7　检查轮胎气压

图 4-5-8　检查车辆底盘

（12）降下车辆，调整车辆高度并做车身弹跳，如图 4-5-9 所示。

（13）将车辆变速器置于空挡或 N 挡，调正方向盘并锁死，如图 4-5-10 所示。

图 4-5-9　做车身弹跳

图 4-5-10　锁死方向盘

（14）安装卡具和目标盘并用绳索锁死，如图 4-5-11 所示。

（15）打开软件，输入客户信息，如图 4-5-12 所示。

图 4-5-11　安装卡具

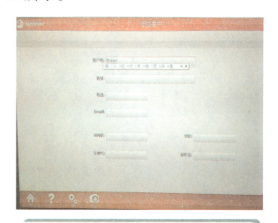
图 4-5-12　输入客户信息

（16）依次输入车况检查信息，如图 4-5-13 所示。

（17）扫码枪扫描前挡风玻璃下方车型数据或者记录数据后手动输入，如图 4-5-14 所示。

图 4-5-13　输入车况检查信息

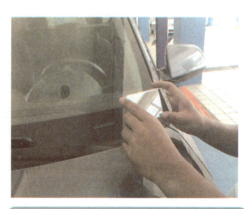
图 4-5-14　输入车型数据

（18）自动追踪目标，如图4-5-15所示。

（19）推车补偿测量，依据软件提示缓慢推车，如图4-5-16所示。

图4-5-15　自动追踪目标

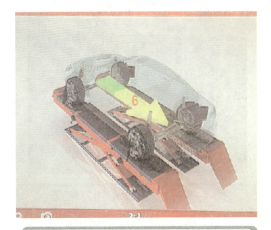

图4-5-16　推车补偿测量

（20）固定刹车固定器，如图4-5-17所示。

（21）拔出抓绞盘锁止销，如图4-5-18所示。

图4-5-17　固定刹车固定器

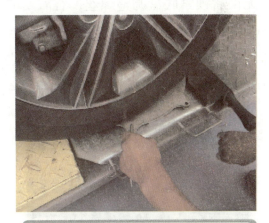

图4-5-18　拔出抓绞盘锁止销

（22）主销测量，慢打方向盘，如图4-5-19所示。

（23）依据软件提示，依次测量各参数，如图4-5-20所示。

图4-5-19　测量主销

图4-5-20　依次测量各参数

（24）调正方向盘，并重新锁死，如图4-5-21所示。

（25）读取测量数据，查看前后轮各项参数，举升车辆调整底盘，如图4-5-22所示。

图4-5-21　重新锁死方向盘

图4-5-22　调整底盘（1）

（26）调整底盘，如图4-5-23所示。

（27）拆卸各卡具及目标盘，将车推离转角盘并调整转角盘位置，推车使前轮至转角盘中心，装上卡具及目标盘后进行二次测量。重复上述步骤，检测四轮定位参数是否准确，无误后锁紧底盘调整螺丝，有需要的可打印检测报告。

（28）降下车辆，拆除卡具及目标盘、车辆推车转角盘，锁紧转角盘，拆除方向盘固定器，车辆退出工位，拆下三件套，完成四轮定位。

（29）清洁车身及场地，如图4-5-24所示。

图4-5-23　调整底盘（2）

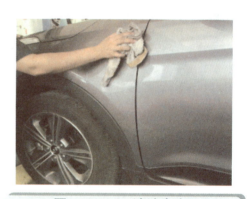
图4-5-24　清洁车身

项目五 汽车发动机相关维护

专题一 空气滤清器的检查与更换

学习目标

完成本学习任务后,你应当能:

1. 了解空气滤清器更换的原因;
2. 正确认识汽车空气滤清器的型号、位置;
3. 独立正确完成空气滤清器的检查与更换。

学习任务

一辆卡罗拉轿车无检查连续行驶了 1.5 万 km,请你对该车进行检查。

模块一　知识准备

引导问题 1：什么是空气滤清器？

发动机工作必须要有干净的空气，车上清除空气中的微粒杂质的装置就是空气滤清器，其内核心就是空气滤芯，如图 5-1-1 所示。

引导问题 2：为什么要换空气滤芯？

活塞式机械（内燃机、往复压缩机等）工作时，如果吸入空气中灰尘等杂质就将加剧零件的磨损，所以必须装有空气滤芯。严重情况下，发动机会停止工作。

图 5-1-1　空气滤芯

通常建议每行驶 1.5 万 km 更换一次。经常在恶劣环境（沙漠，建筑工地等）中工作的车辆应当不超过 1 万 km 更换一次。

引导问题 3：空气滤芯在汽车的什么位置？

空气滤芯一般位于发动机舱左侧，即左前轮上方位置，可以看到一个四方的塑料黑盒子，滤芯就安装在里面，如图 5-1-2 所示。

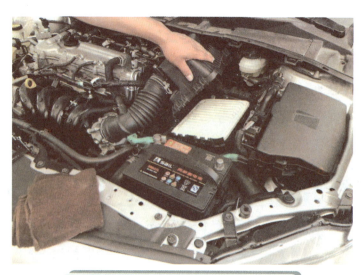

图 5-1-2　空气滤芯安装位置

模块二 使用操作

空气滤清器的检查与更换：

（1）安装前围三件套。如图5-1-3（a）所示。

（2）取出空气滤芯。要打开发动机舱盖，找到一个四方的塑料黑盒子，滤芯就安装在里面。朝上轻轻掰起两个金属卡子，取出空气滤芯，如图5-1-3（b）所示。

（3）检查。检查滤芯是否有较多的尘土，可以轻轻拍打滤芯端面。如果空气滤芯已经严重堵塞，则需要更换新的滤芯，如图5-1-3（c）所示。

 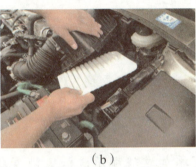 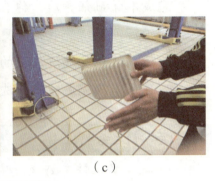

（a）　　　　　　　　　　（b）　　　　　　　　　　（c）

图5-1-3　空气滤清器的检查

（4）清洁空气滤芯。利用压缩空气由里向外清洁滤芯上的尘土，如图5-1-4（a）所示。

（5）更换新的滤芯。选取新的匹配的空气滤芯，把塑料包装去掉，如图5-1-4（b）所示。

（6）安装空气滤芯。朝上轻轻掰起两个金属卡子，放入空气滤芯，如图5-1-4（c）所示。

😊 提示：安装合适，没有扭曲、歪斜。

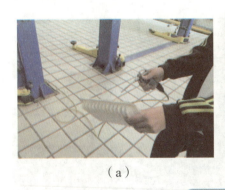 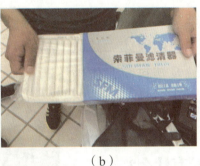 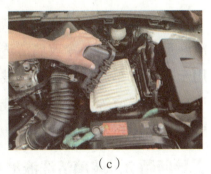

（a）　　　　　　　　　　（b）　　　　　　　　　　（c）

图5-1-4　空气滤清器的更换

（7）工具归置。将所用工具放在原位，清洁现场。

专题二 玻璃清洗液的检查与更换

学习目标

完成本学习任务后,你应当能:

1. 了解玻璃清洗液检查更换的原因;
2. 正确认识玻璃清洗液的型号、区别;
3. 独立正确完成玻璃清洗液的检查与更换。

学习任务

一辆卡罗拉轿车好久没有添加过玻璃清洗液,现发现无法清洗玻璃,请你对该车进行检查。

模块一 知识准备

引导问题1:什么是玻璃清洗液?

玻璃清洗液是一种不含磨蚀性物质,能迅速清除玻璃上污垢,令玻璃清透明亮的液体。其适用于一般汽车玻璃以至有机玻璃及塑料窗,如挡风玻璃及天窗等。玻璃清洗液又称玻璃水,如图5-2-1所示。

引导问题2:玻璃清洗液型号有什么?

一般来说,我国汽车用品零售市场上的玻璃清洗液可分三种:

图5-2-1 玻璃清洗液

（1）夏季常用的，在清洗液里增加了除虫胶成分，可以快速清除撞在挡风玻璃上的飞虫残留物；

（2）冬季专用的防冻型玻璃清洗液，保证在外界气温低于零下 20℃时，依旧不会结冰冻坏汽车设施；

（3）特效防冻型，保证在 -40℃时依旧不结冰，适合我国最北部的严寒地区使用。

引导问题 3：劣质玻璃清洗液的坏处是什么？

优质的玻璃清洁液是由去离子水加各类环保添加剂制成的，具有去污、防冻、抗静电、防腐蚀等功能。有些更好的优质玻璃清洗液，还带有快速融雪融冰、防眩光、防雾气等性能，对提高驾车安全有着重大的作用。

劣质的玻璃清洗液多数是用水和酒精等兑成的，不仅损害汽车漆面光泽度、橡胶条的硬度，严重的还会引起橡胶件或其他塑料件产生色差、胀溶等。而玻璃清洗液在清洗完玻璃后，会流到空调进风口附近，玻璃清洗液挥发的气味也会沿着汽车空调的通风管道进入驾驶室。劣质的玻璃清洗液挥发的气体是有害的，会成为危害车主健康的隐形杀手。

模块二 使用操作

玻璃清洗液的检查与更换：

（1）安装前围三件套。如图 5-2-2（a）所示。

（2）液位检查。检查玻璃清洗液加注口的液面高度，如图 5-2-2（b）所示。

（3）冰点检查准备。冰点测试仪校准后，吸取玻璃清洗液滴在冰点测试仪上，如图 5-2-2（c）所示。

（a）

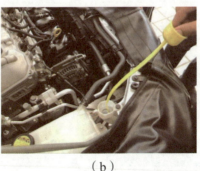
（b）

（c）

图 5-2-2 玻璃清洗液检查的准备

（4）冰点检查读数。对着阳光，在玻璃清洗液表盘区读取冰点数，检查是否符合当下环境使用，如图 5-2-3（a）所示。

（5）添加玻璃清洗液。打开加注口盖，倒入新的玻璃清洗液，一边倒一边检查液面，如图 5-2-3（b）所示。

提示：液面如果超过，一定要将多余的排除（使用窗玻璃清洗开关）。

（6）工具归置。所用工具放回原位，清洁现场，如图 5-2-3（c）所示。

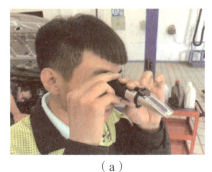 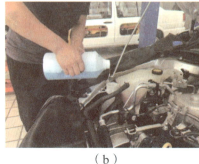 

（a）　　　　　　　　　　（b）　　　　　　　　　　（c）

图 5-2-3　玻璃清洗液的检查

专题三　机油的检查与更换

学习目标

完成本学习任务后，你应当能：

1. 了解机油更换的原因；
2. 正确认识汽车机油的型号、区别；
3. 独立正确完成机油的检查与更换。

学习任务

一辆卡罗拉轿车无检查连续行驶了 1 万 km，请你对该车进行检查。

模块一 知识准备

引导问题 1：什么是机油？

机油即发动机润滑油，密度约为 0.91×10^3（kg/m^3），能对发动机起到润滑减磨、辅助冷却降温、密封防漏、防锈防蚀、减振缓冲等作用，被誉为汽车的"血液"。机油由基础油和添加剂两部分组成。基础油是润滑油的主要成分，决定着润滑油的基本性质，添加剂则可弥补和改善基础油性能方面的不足，赋予某些新的性能，是润滑油的重要组成部分（见图 5-3-1）。

图 5-3-1 机油

引导问题 2：机油的型号有哪些？

润滑油黏度分类的冬夏通用油牌号分别为：

5W-20、5W-30、5W-40、5W-50、10W-20、10W-30、10W-40、10W-50、15W-20、15W-30、15W-40、15W-50、20W-20、20W-30、20W-40、20W-50。

冬用部分（W）的数字越小适用最低气温越低，夏季部分的数字越大适用的最高气温越大，ZH 中间的区间越大代表适用的气温范围越大。

引导问题 3：机油的优劣检查方法有哪些？

（1）观色法。清洁达标的机油呈蓝色半透明状。机油中有了水则呈褐色。当发动机运转一段时间后，机油呈乳白色，并伴有泡沫。

（2）燃烧法。把铜棒烧热后放入被检查的机油中，若有"噼啦"响声，则说明机油中含有较多的水。也可将检查的机油注入试管中加热，当温度接近 80~100℃时，试管中产生"噼啦"声，则证明机油中含有较多的水。

（3）放水法。发动机停机后，让发动机静止 30 min 左右，松开放油螺塞，如有水放出来，则说明机油中含有较多的水。

模块二 使用操作

机油的检查与更换：

（1）安装前围三件套。如图 5-3-2（a）所示。

（2）拔出机油尺。将发动机机油尺拔出，用干净抹布擦干净，如图 5-3-2（b）所示。

（3）插入机油尺。用抹布扶着机油尺，插入机油尺管口，停留 1 s，如图 5-3-2（c）所示。

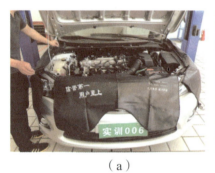 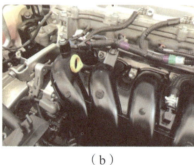 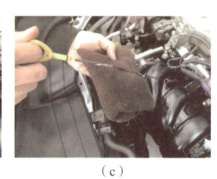

（a）　　　　　　　　　　　（b）　　　　　　　　　　　（c）

图 5-3-2　机油的检查准备

（4）读数。拔出机油尺，查看机油液位是否在最高最低刻度区间。读完后，用抹布擦干净插入的机油尺，如图 5-3-3（a）所示。

（5）升起汽车。用升降机升起汽车，至人可以方便检查底盘的高度，如图 5-3-3（b）所示。

☺ 提示：升降机操作必须规范，并落锁；升起之前最好打开加机油盖。

（6）拆下机油放油螺栓。找到机油放油螺栓的位置，在其正下方放置一个盆子，用扳手拆下放油螺栓，如图 5-3-3（c）所示。

☺ 提示：机油不要溅出。

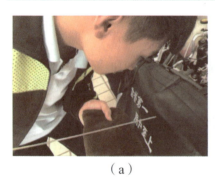 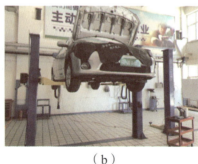 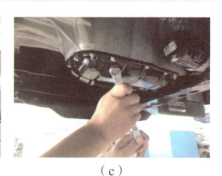

（a）　　　　　　　　　　　（b）　　　　　　　　　　　（c）

图 5-3-3　放出旧机油

（7）安装放油螺栓。机油放油结束后，将放油螺栓拧紧，拧紧力矩是 15 N·m，如图 5-3-4（a）所示。

> 提示：不要将垫片遗忘安装。

（8）拆换机油滤清器。用拆卸专用工具拆下旧的机油滤清器，拧入新的机油滤清器，拧紧力矩是 20 N·m，如图 5-3-4（b）所示。

> 提示：不要将垫片遗忘安装。

（9）降下车辆。升降机解锁，放下车辆至地面，如图 5-3-4（c）所示。

 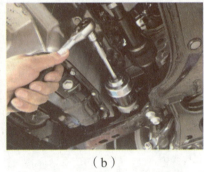 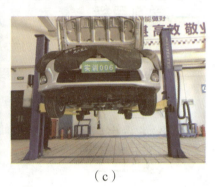

（a）　　　　　　　　　　（b）　　　　　　　　　　（c）

图 5-3-4　更换机油滤清器

（10）加注新机油。拧开机油加注口，倒入机油，加注快满时，注意检查机油量在刻度区间内，如图 5-3-5（a）所示。

> 提示：加注好后，热车几分钟，再次检查机油刻度，如有缺就补加机油。

（11）工具归置。所用工具放回原位，清洁现场，如图 5-3-5（b）所示。

（a）　　　　　　　　　　（b）

图 5-3-5　加注新机油及清洁现场

专题四 冷却液的检查与更换

学习目标

完成本学习任务后，你应当能：

1. 了解冷却液更换的原因；
2. 正确认识汽车冷却液的型号；
3. 独立正确完成冷却液的检查与更换。

学习任务

一辆卡罗拉轿车开行过程中冷却液过热，请你对该车进行检查。

模块一 知识准备

引导问题1：什么是冷却液？

冷却液全称为防冻冷却液，意为有防冻功能的冷却液，防冻液可以防止寒冷季节停车时冷却液结冰而胀裂散热器和冻坏发动机气缸体，但是我们要纠正一个误解，防冻液不仅仅是冬天用的，它应该全年使用，汽车正常的保养项目中，每行驶2年，需更换发动机防冻液，如图5-4-1所示。

引导问题2：冷却液的作用是什么？

1. **冬季防冻**

为了防止汽车在冬季停车后，冷却液

图5-4-1 冷却液添加位置

结冰而造成水箱、发动机缸体胀裂，要求冷却液的冰点应低于该地区最低温度10℃左右，以备天气突变。

2. 防腐蚀

冷却系统中散热器、水泵、缸体及缸盖、分水管等部件是由钢、铸铁、黄铜、紫铜、铝、焊锡等金属组成的，由于不同的金属的电极电位不同，在电解质的作用下容易发生电化学腐蚀，因而冷却液中都加入一定量的防腐蚀添加剂，防止冷却系统产生腐蚀。

3. 防水垢

冷却液在循环中应尽可能少地减少水垢的产生，以免堵塞循环管道，影响冷却系统的散热功能。

4. 防开锅

符合国家标准的冷却液，沸点通常都超过105℃，比起水的沸点100℃，冷却液能耐受更高的温度而不沸腾（开锅），在一定程度上满足了高负荷发动机的散热冷却需要。

引导问题3：冷却液更换注意事项有哪些？

优质冷却液颜色醒目、清亮透明和无异味；用烧杯加热冷却液，用温度表测量其沸点，沸点在100℃以上才为真品，沸点不足100℃者为伪品。

周期为2年。

模块二 使用操作

冷却液的检查与更换：

（1）安装前围三件套。如图5-4-2（a）所示。

（2）检查冷却液液位。液位应在膨胀水箱的最高、最低刻度之间，如图5-4-2（b）所示。

（3）升起汽车。用升降机升起汽车，至人可以方便操作的高度，如图5-4-2（c）所示。

😊 **提示**：升降机操作必须规范，并落锁。

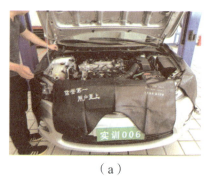

（a） （b） （c）

图 5-4-2 冷却液的检查准备

（4）打开暖风。将仪表盘上的暖风开关拨至右端，打开暖风控制水阀，如图 5-4-3（a）所示。

（5）热车。起动发动机，车辆怠速运转，直至散热风扇旋转，用手握住水箱上下管。判断温度是否相等，以此确定节温器是否已全开，如图 5-4-3（b）所示。

（6）打开膨胀水箱盖。发动机熄火，在膨胀水箱盖上盖一块抹布，慢慢旋下膨胀水箱盖，如图 5-4-3（c）所示。

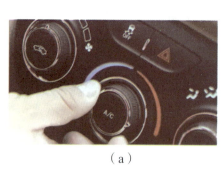
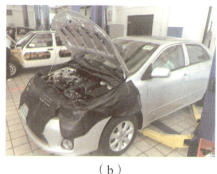
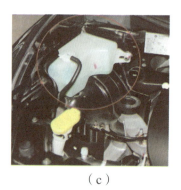

（a） （b） （c）

图 5-4-3 放出旧冷却液的准备

（7）放旧冷却液。找到水箱冷却液排放口的位置，在其正下方放置一个盆子，拧开水箱冷却液排放口，如图 5-4-4（a）所示。

（8）安装水箱冷却液排放口。拧紧水箱冷却液排放口，如图 5-4-4（b）所示。

（9）降下车辆。升降机解锁，放下车辆至地面，如图 5-4-4（c）所示。

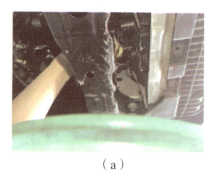
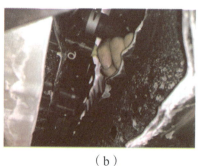
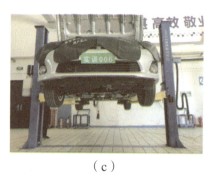

（a） （b） （c）

图 5-4-4 放出旧冷却液

（10）加注新冷却液。往膨胀水箱内加入足够的新冷却液，拧紧盖子，如图5-4-5（a）所示。

（11）着车。着车让冷却液充满整个冷却液管路，如图5-4-5（b）所示。

> 提示：着车使风扇转动，大循环打开。

（12）补加冷却液。等车凉了，检查冷却液液位，如有亏欠，补加冷却液至标准位置，如图5-4-5（c）所示。

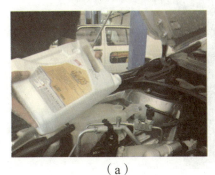
（a）

（b）

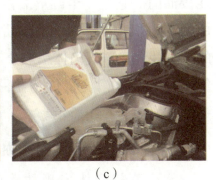
（c）

图5-4-5 加注新冷却液

（13）工具归置。所用工具放回原位，清洁现场。

专题五　节气门体的检查与维护

学习目标

完成本学习任务后，你应当能：

1. 了解节气门体更换的原因；
2. 正确认识汽车节气门体的检查方法、位置；
3. 独立正确完成节气门体的检查与更换。

学习任务

一辆卡罗拉轿车出现了怠速不稳的故障，请你对该车进行检查。

模块一 知识准备

引导问题1：什么是节气门体？

节气门体是控制发动机吸气多少的一个阀门，连接油门。它是一个圆形的钢片，中间有一根轴，由内部电机控制。节气门体是发动机进气系统上的一个装置。节气门体一般分三部分：执行器、节气门片和节气门位置传感器，它们一般被封装为一体，如图5-5-1所示。

图 5-5-1 节气门体

引导问题2：造成节气门体损坏的原因有哪些？

导致节气门体出现故障的原因主要有以下几个：

（1）长期使用积碳太多；

（2）其他异物进入；

（3）电机损坏；

（4）控制电路出现故障；

（5）内部位置传感器损坏。

引导问题3：怠速不稳的其他原因有哪些？

（1）进气歧管或各种阀泄漏。

（2）燃油压力故障。油压过低，从喷油器喷出的燃油雾化状态不良或者喷出的燃油呈线状，严重时只喷出油滴，喷油量减少使混合气过稀；油压过高，实际喷油量增加，使混合气过浓。常见原因：燃油滤清器堵塞；燃油泵滤网堵塞；燃油泵的泵油能力不足；燃油泵安全阀弹簧弹力过小；进油管变形；燃油压力调节器有故障；回油管压瘪堵塞。

（3）喷油器故障，喷油器的喷油量不均、雾状不好，造成各气缸发出的功率不平衡。

（4）点火模块与点火线圈故障。

（5）机械故障。

模块二 使用操作

节气门体的检查与维护：

（1）安装前围三件套。如图 5-5-2（a）所示。

（2）拆开空气滤清器侧管路。用拆卡环工具钳拆开节气门体空气滤清器一侧的管路，如图 5-5-2（b）所示。

（3）就车检查开度。着车检查油门是否与节气门体的动作匹配，如图 5-5-2（c）所示。

 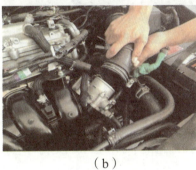 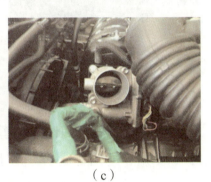

（a） （b） （c）

图 5-5-2 节气门体检查准备

（4）检查：插头针脚电压。用万用表校表，车辆点火开关打至"ON 挡"，用电压挡"20 V"测量插头测各针脚的电压值，与标准值比较，如图 5-5-3（a）所示。

（5）拆下节气门体。用扳手拆下节气门体螺栓，取下节气门体，如图 5-5-3（b）所示。

提示：记录节气门片的位置。

（6）检查：电机内阻。用电阻挡"200 Ω"挡测量节气门体 1 和 3 针脚的电阻值，与标准值比较，如图 5-5-3（c）所示。

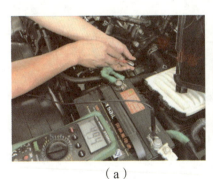  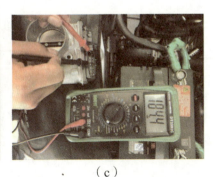

（a） （b） （c）

图 5-5-3 节气门体检查（1）

（7）检查：漏光。将节气门体朝着阳光，检查节气门关闭情况下是否漏光，如图 5-5-4（a）所示。

（8）检查：积碳及异物。仔细查看节气门周围是否有积碳及异物，如图 5-5-4（b）所示。

（9）清洗节气门体。用节气门体清洗剂清洁积碳，如图 5-5-4（c）所示。

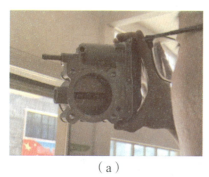 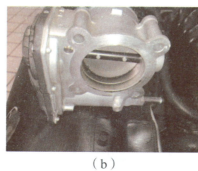 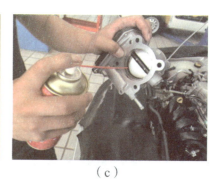

（a）　　　　　　　　　　　（b）　　　　　　　　　　　（c）

图 5-5-4　节气门体检查（2）

（10）安装节气门体。位置方向对正，安装节气门体，如图 5-5-5（a）所示。

（11）节气门体还原。使用匹配的汽车诊断仪将节气门参数还原，如图 5-5-5（b）所示。

（12）着车检查。打着车，检查节气门体的动作是否正常，如图 5-5-5（c）所示。

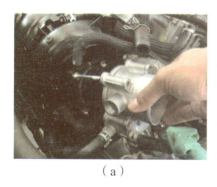 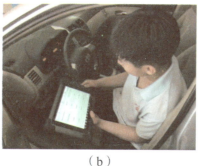 

（a）　　　　　　　　　　　（b）　　　　　　　　　　　（c）

图 5-5-5　节气门体安装与复原

（13）工具归置。所用工具放回原位，清洁现场。

项目六 汽车底盘基础维护

专题一 轮胎检查与换位

学习目标

完成本学习任务后，你应当能：

1. 了解轮胎常见损坏形式及检查方法；
2. 掌握轮胎换位方法；
3. 独立完成轮胎换位。

学习任务

一辆卡罗拉轿车轮胎胎面内外侧磨损不均匀，请你对该车轮进行检修。

模块一　知识准备

引导问题1：车轮的磨损是怎样产生的？

车轮的磨损主要是车轮与路面接触时，其状况不同所产生的。车轮通过悬架系统安装在汽车上，形成了一定的几何关系，称之为车轮定位。其车轮外倾和车轮前束确定了车轮与路面的接触状况。汽车使用后，定位参数改变，轮胎气压不合适，都会使轮胎两侧的磨损情况不同。同时，现代轿车大多采用发动机前置、前轮驱动的布置形式，这种布置加大了前轴的载荷比例，兼之前轮为转向轮，其转向和自动回正时都会产生较大的横向摩擦力，使得前轮的磨损比后轮的磨损严重。

引导问题2：轮胎常见的磨损形式和原因有哪些？

1. 胎冠异常磨损（见图6-1-1）

特性：轮胎胎冠磨损较抬肩严重。

原因：主要是由胎压过高引起的。

2. 抬肩异常磨损（见图6-1-2）

特征：轮胎胎肩部位磨损较胎冠严重。

原因：主要是由胎压不足引起的。

图6-1-1　胎冠异常磨损

图6-1-2　胎肩异常磨损

3. 胎面局部异常磨损（见图6-1-3）

特征：轮胎胎面局部一块或少数几块部位较其他部位明显磨损严重。

原因：轮胎抱死的情况下造成的局部严重偏磨。

4. 单侧异常磨损（见图6-1-4）

特征：轮胎两侧胎肩部位磨损量不一致。

原因：车轮外倾角等定位参数失准造成的。

图6-1-3 胎面局部异常磨损

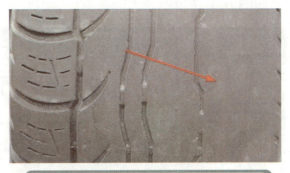

图6-1-4 单侧异常磨损

5. 其他形式的磨损（见图6-1-5）

特征：由于轮胎加工、猛烈撞击、长时间对轮胎垫带挤压等原因，会造成轮胎局部的橡胶脱落、表面鼓胀等其他形式的异常磨损。

图6-1-5 轮胎其他异常磨损

引导问题3：轮胎的胎压及花纹深度有何要求？

一般来说，每种车型对胎压的要求是不同的，即使同一台车的前后轴车轮的胎压要求也不同。常见汽车的轮胎气压如表6-1-1所示。标准胎压可以在用户手册或驾驶室车门的纵梁标示上查询。胎压偏高、偏低都会造成轮胎的异常磨损，缩短轮胎的使用寿命。

表6-1-1 常见汽车的轮胎气压　　　　　　　　单位：kPa

车型	前轮胎压	后轮胎压
科鲁兹轿车	230	230
卡罗拉轿车	220	220
桑塔纳轿车	230	250

每种车型的标准轮胎气压，一般在车门锁舌下方会有铭牌标注。科鲁兹的标准胎压标识铭牌在左后车门上，如图 6-1-6 所示。

轮胎花纹深度是指花纹最表面至花纹沟底的距离。在花纹的纵贯沟内有轮胎磨损标记，如图 6-1-7 所示。

图 6-1-6 科鲁兹标准胎压标识铭牌　　图 6-1-7 轮胎磨损标记

当轿车轮胎磨损到胎面花纹沟深仅剩 1.6 mm 时，必须更换。这时，纵贯胎面的磨损标记胶条便会明显显露出来，表示应该马上更换轮胎。否则，行驶时轻则轮胎会出现打滑现象，延长制动距离；重则，当轮胎在湿滑路面上行驶，易产生"浮滑现象"，造成转向盘及制动失灵，引发安全事故，同时也易引发爆胎事故。

引导问题 4：对轮胎进行换位的方式是怎样的？

由于汽车在行驶过程中，前后轮的载荷、受力及功能不同，因而汽车轮胎的磨损程度不同。为保持同一台车的轮胎磨损均匀，延长轮胎的使用寿命，并使寿命趋于一致，轮胎应定期换位。卡罗拉轿车轮胎每行驶 15 000~20 000 km 应进行换位。轮胎换位根据轮胎的不同特点，采用不同的换位方法。轮胎换位垫带方法较多，这里只介绍图 6-1-8 所示的换位方式。

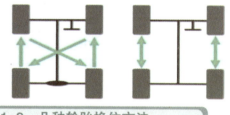

图 6-1-8 几种轮胎换位方法

模块二　轮胎换位

轮胎换位：

（1）安装举升机支撑臂。安装举升机支臂，注意支点位置。如图 6-1-9（a）所示。

（2）举升操作。将车辆举升少许，再次检查、确认支撑臂垫块是否在举升点位置，并确保支撑牢靠。如图 6-1-9（b）所示。

（3）预松轮胎螺栓。车辆未举升时，使用指针式扭力扳手进行预松。如图 6-1-9（c）所示。

 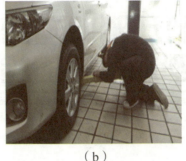 

（a）　　　　　　　　　　（b）　　　　　　　　　　（c）

图 6-1-9　举升车辆预松轮胎螺栓

（4）再次举升车辆。将汽车举升至合适高度，打开油缸阀门，使举升机保险锁锁止可靠。如图 6-1-10（a）所示。

（5）拆卸轮胎螺栓。将冲击扳手与气管连接，调整旋向至逆时针方向，并将气流调到最大，拆下轮胎螺栓。如图 6-1-10（b）所示。

（6）轮胎换位。按照轮胎换位方法进行换位。如图 6-1-10（c）所示。

 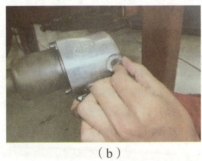 

（a）　　　　　　　　　　（b）　　　　　　　　　　（c）

图 6-1-10　轮胎换位

（7）预紧轮胎螺栓。按交叉方式紧固轮胎螺栓。如图 6-1-11（a）所示。

（8）下降举升机，使轮胎与地面接触。如图 6-1-11（b）所示。

（9）紧固轮胎螺栓。根据标准扭矩紧固轮胎螺栓。如图 6-1-11（c）所示。

（10）整理举升机支撑臂归位，清洁整理工具。如图 6-1-11（d）所示。

（a）　　　　　　（b）　　　　　　（c）　　　　　　（d）

图 6-1-11　安装轮胎及紧固螺栓

专题二　行车制动踏板与离合器踏板行程的检查

学习目标

完成本学习任务后，你应当能：

1. 了解行车制动的作用；
2. 能够正确地检查行车制动踏板的自由行程及有效行程；
3. 了解离合器踏板行程的作用；
4. 能够正确地检查离合器踏板的自由行程及有效行程。

学习任务

1. 一辆卡罗拉轿车行车制动踏板踩下后制动距离较远，请你对行车制动踏板进行检查。
2. 一辆卡罗拉轿车离合器切不开，请你对离合器踏板行程进行检查。

引导问题1：行车制动器的作用

行车制动器的作用是控制车辆速度和停止车辆。在售的轿车多数采用前轮盘式制动器，后轮采用鼓式制动器或盘式制动器。

引导问题 2：行车制动器的组成是怎样的？

行车制动器是由制动踏板、真空助力器、制动总泵、管路、制动分泵等组成的，如图 6-2-1 所示。

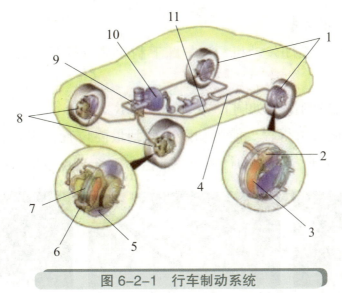

图 6-2-1　行车制动系统

1—鼓式制动器；2，6—制动分泵；3—制动蹄片；4—手刹线；5—制动盘；7—制动片；
8—盘式制动器；9—制动总泵；10—真空助力器；11—制动油管

引导问题 3：行车制动踏板行程检查有什么意义？

行车制动系统使用一段时间后，制动系统可能会出现制动性能下降的情况。所以，我们要定期检查行车制动踏板的行程，在保证获得合适的制动力的情况下，同时也保证制动器不能出现拖滞的情况。

引导问题 4：离合器的作用是什么？

离合器的作用是用于手动变速器的车辆通过操纵离合器踏板来分离和结合发动机传递的动力。

引导问题 5：离合器是由哪些部件组成的？

离合器由离合器踏板、离合器总泵、管路、离合器分泵、分离拨叉、分离轴承、压盘、摩擦片等组成。

引导问题 6：离合器检查有什么意义？

合适的离合器行程对于发动机与变速器动力的衔接是必要的，在使用一段时间后，容易发生离合器分离不彻底等现象。为了行车的安全，必须对离合器进行检查。检查间隔为 2 万 km。

模块二　制动踏板自由行程测量

制动踏板自由行程的测量：

（1）制动踏板回位。关闭发动机，反复踩下制动踏板直至使其回到最高位置。如图 6-2-2（a）所示。

（2）制动踏板高度的测量。如图 6-2-2（b）所示。

（3）测量制动踏板自由行程。使制动踏板回到最高位置，用脚轻轻按下制动踏板，当感觉到有阻力时，测量所能按压的行程。标准值为 1~6 mm。如图 6-2-2（c）所示。

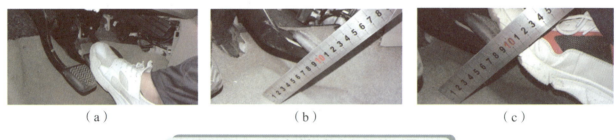

（a）　　　　　　　　　（b）　　　　　　　　　（c）

图 6-2-2　制动踏板自由行程的测量

模块三　离合器踏板自由行程测量

离合器踏板自由行程的测量：

（1）离合器踏板高度的检查。关闭发动机，用力踩下离合器踏板后释放，检查离合器踏板是否回位。使用钢板尺测量离合器踏板的高度。如图 6-2-3（a）所示。

（2）离合器踏板自由行程的测量。使离合器踏板回到最高位置，用脚轻轻踩下离合器踏板，当感觉到有阻力时，测量所能按压的行程。标准值为 5~15 mm。如图 6-2-3（b）所示。

（a）　　　　　　　　　（b）

图 6-2-3　离合器踏板自由行程的测量

项目六　汽车底盘基础维护

专题三　汽车制动器的检查与调整

学习目标

完成本学习任务后，你应当能：

1. 了解驻车制动的作用；
2. 能够正确地检查并调整驻车制动器；
3. 了解盘式、鼓式制动器的组成作用；
4. 掌握盘式制动器的检查方法；
5. 掌握鼓式制动器的检查方法；
6. 了解驻车制动的作用；
7. 能够正确地检查并调整驻车制动器；
8. 了解制动管路的布置方式；
9. 掌握制动管路的检查位置。

学习任务

一辆卡罗拉轿车制动器异响，请进行检查并调整。

模块一　知识准备

引导问题 1：驻车制动器有哪些作用？

驻车制动器的作用是车辆停放时，对后轮进行机械固定，防止车辆发生溜车的情况。

引导问题 2：驻车制动器由哪些部件组成？

驻车制动器包括驻车制动器操作杆、驻车制动拉索、后轮鼓式制动器等。如图 6-3-1 所示。

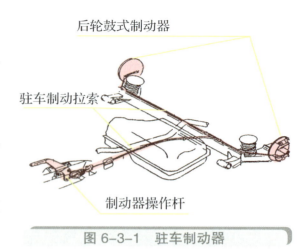

图 6-3-1 驻车制动器

引导问题 3：驻车制动器调整的意义是什么？

驻车制动器在长时间使用后，由于拉索被拉长、制动片磨损等情况，会导致驻车失效的情况发生，所以在日常维护中需要定期检查。

引导问题 4：盘式制动器由哪些部件组成？

按摩擦副中固定元件的结构，盘式制动器可分为钳盘式和全盘式两大类。钳盘式制动器主要由旋转元件（制动盘）和固定元件（制动钳）组成。制动盘是摩擦副中的旋转件，是以端面工作的金属圆盘。制动钳是由横跨制动盘两侧的夹钳形支架中的制动摩擦片和促动装置组成的。制动摩擦片是由工作面积不大的摩擦块和金属背板组成的。每个制动器中一般有 2~4 个制动摩擦片。如图 6-3-2 所示。

引导问题 5：鼓式制动器由哪些部件组成？

鼓式制动器是由制动轮缸、制动蹄、制动鼓等组成的，如图 6-3-3 所示。

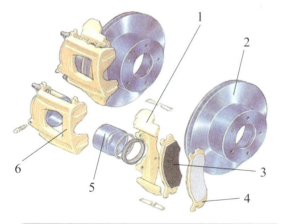

图 6-3-2 盘式制动器组成

1—制动钳安装支架；2—制动盘；3—摩擦片；
4—制动衬块；5—制动钳活塞；6—制动钳

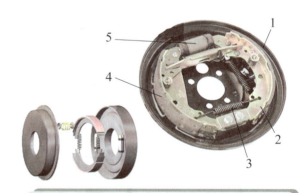

图 6-3-3 鼓式制动器组成

1—制动鼓；2—制动蹄；3—回位弹簧；
4—摩擦片；5—制动轮缸

引导问题 6：盘式制动器系统常见故障现象及原因是什么？

制动摩擦片和制动盘引起的常见制动故障现象及原因分析表 6-3-1。

表 6-3-1　盘式制动器系统常见故障现象及原因

零部件名称	故障现象	原因
制动摩擦片	踩下制动踏板，制动力较小，制动距离延长	长距离制动，制动摩擦片表面的摩擦系数下降
	踩下制动踏板，不减速或无明显减速	制动摩擦片磨损过薄
	制动时，行驶方向发生偏斜	左右车轮的制动摩擦片新旧不一或差别过大
	抬起制动踏板时，车轮的制动作用不能立即完全解除	制动摩擦片距离制动盘的间隙不当
制动盘	制动过程中，汽车轻微发抖	制动盘圆跳动量过大
	制动时，减速不明显或时间过长	制动盘磨损严重
	制动时，行驶方向发生偏移	左右车轮的制动盘材料不一

引导问题 7：一般轿车制动摩擦片、制动盘的维护里程或时间是怎样规定的？

不同的汽车制造厂，不同的车型对于制动摩擦片、制动盘的维护里程和时间是不同的，具体的维护里程或时间如表 6-3-2 所示。

表 6-3-2　常见轿车维护里程或时间

车型	定期维护里程或时间
爱丽舍	1.5 万 km 或 12 个月
捷达	4 万 km
桑塔纳	4 万 km

引导问题 8：常见车型制动摩擦片、制动盘的更换标准是什么？

爱丽舍轿车前驱制动器更换标准如表 6-3-3 所示。

表 6-3-3　爱丽舍轿车前驱制动器更换标准

发动机		TU5JP	EW7J4
前制动盘	型式	通风盘式	
	直径 /mm	247	266
	厚度 /mm	20.4	22
	磨损允许最小厚度 /mm	18.4	20
前制动钳	供应商	BOSCH	
	活塞直径 /mm	48	54
制动摩擦片	新片厚度 /mm	13	
	磨损允许最小厚度	2	

捷达轿车前驱制动器更换标准如表 6-3-4 所示。

表 6-3-4　捷达轿车前驱制动器更换标准

部件名称	标准厚度 /mm	磨损允许最小厚度 /mm
前制动盘	12	10
制动摩擦片	14	7

桑塔纳（普通型）轿车前驱制动器更换标准如表 6-3-5 所示。

表 6-3-5　桑塔纳（普通型）轿车前驱制动器更换标准

部件名称	标准厚度 /mm	磨损允许最小厚度 /mm
前制动盘	10	8
制动摩擦片	14	7

引导问题 9：制动管路作用有哪些？

制动管路用于连接制动总泵和分泵，为制动液的流动、制动液力的传递提供管道。

引导问题 10：制动管路检查有什么意义？

制动管路是储存并传递制动液力的重要部件，由于汽车行驶过程中路面飞溅的石子或杂物的撞击会导致制动管路的破损，严重时会造成制动失效，因此制动管路的检查是日常维护保养的重点部位。

引导问题 11：制动液的类型有哪些？

制动液是液压制动系统中传递制动压力的液态介质，使用在采用液压制动系统的车辆中。制动液又称刹车油或迫力油，它的英文名为 Brake Fluid，是制动系统制动不可缺少的部分，而在制动系统之中，它作为一个力传递的介质，因为液体是不能被压缩的，所以从总泵输出的压力会通过制动液直接传递至分泵。

制动液有三种类型：

（1）蓖麻油-醇型：由精制的蓖麻油 45%~55% 和低碳醇（乙醇或丁醇）45%~55% 调配而成，经沉淀获得无色或浅黄色清澈透明的液体，即醇型汽车制动液。

（2）合成型：用醚、醇、酯等掺入润滑、抗氧化、防锈、抗橡胶溶胀等添加剂制成。

（3）矿油型：用精制的轻柴油馏分加入稠化剂和其他添加剂制成。

液压制动（刹车）液是用于液压制动系统中传递压力以制止车轮转动的一种功能性液体。其制动工作压力一般为 2 MPa，高的可达 4~5 MPa。所有液体都有不可压缩特性，在密封的容器中或充满液体的管路中，当液体受到压力时，便会很快地、均匀地把压力传导至液体的各个部分。液压制动便是利用这个原理进行工作的。

模块二　驻车制动器的检查与调整

（1）驻车制动器指示灯的检查。关闭发动机，反复踩下制动踏板，直至使其回到最高位置。用手拉动驻车制动器手柄，当听到"咔哒"一声时（第一个卡槽）检查仪表上驻车指示灯是否点亮。点亮则驻车指示灯工作正常。如图6-3-4（a）所示。

（2）驻车制动器拉柄行程检查。用手拉动驻车制动器手柄至最高，记录卡槽数量。标准为7~8卡槽。如图6-3-4（b）所示。

（3）驻车制动器有效行程检查。用手拉动驻车制动器手柄，拉倒第7/8个卡槽后，使劲向前推动汽车，如车辆出现移动的情况，则说明驻车制动器需要调整。如图6-3-4（c）所示。

（4）驻车制动器的调整。使用扳手调整驻车制动器拉索的长度。顺时针旋转驻车制动器的间隙变小，反之变大。如图6-3-4（d）所示。

 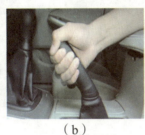  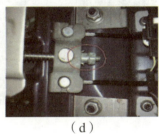

　　（a）　　　　　　　（b）　　　　　　　（c）　　　　　　　（d）

图6-3-4　驻车制动器的检查与调整

模块三　更换制动片

（1）安装举升机臂，预松轮胎螺栓。在车辆举升前用21 mm套筒和扭力扳手或轮胎螺栓专用套筒预松车轮固定螺栓。

> 提示：在确保车辆固定无误的条件下举升车辆，举升至合适高度停止，举升机保险落锁。如图6-3-5（a）所示。

（2）拆卸前车轮。（注意：将拆卸后的轮胎置于轮胎架上）如图6-3-5（b）所示。

（3）拆卸制动卡钳螺栓。用14 mm梅花扳手拧下制动卡钳滑销螺栓。如图6-3-5（c）

所示。

图 6-3-5　拆卸轮胎及制动卡钳螺栓

（4）取下制动钳体壳。用一字起子推开制动钳体壳。（注意：切勿损伤制动摩擦片表面）如图 6-3-6（a）所示。

（5）固定制动钳体。向上翻开制动卡钳（制动钳体需用挂钩挂好），拆卸制动摩擦片。如图 6-3-6（b）所示。

（6）清洁制动片。用干净的抹布清洁制动摩擦片表面。如图 6-3-6（c）所示。

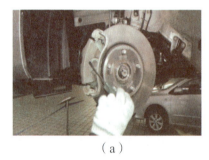 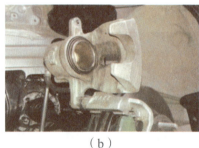 

图 6-3-6　取下制动钳体壳，固定制动钳体，清洁制动片

（7）对比摩擦片。对两片制动摩擦片进行外观检查，观察有无异常磨损。如图 6-3-7（a）所示。

（8）测量摩擦片厚度。用游标卡尺分别在两边和中间三个位置测量制动摩擦片的厚度，厚度不符合要求需更换新件。如图 6-3-7（b）所示。

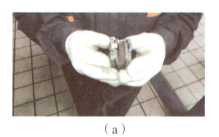 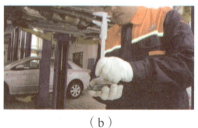

图 6-3-7　测量制动摩擦片的厚度

模块四 检查制动盘厚度

（1）清洁制动盘。如图6-3-8（a）所示。

（2）清洁并校正外径千分尺。如图6-3-8（b）所示。

（3）测量制动盘厚度。使用0~25 mm的外径千分尺，在离制动盘边缘10 mm处，每间隔120°测量制动盘的厚度，取三个数据中最小值，不符合要求需更换。如图6-3-8（c）所示。

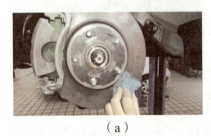　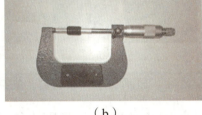　

（a）　　　　　　　　　　　（b）　　　　　　　　　　　（c）

图6-3-8　清洁制动盘，清洁并校正外径千分尺，测量制动盘厚度

模块五 制动盘圆跳动量检查

（1）清洁制动盘。如图6-3-9（a）所示。

（2）组装磁力表座，将磁性表座固定在减振器上。如图6-3-9（b）所示。

（3）安装百分表，测量跳动量。安装百分表，表头应距制动盘边10 mm，且百分表表头与制动盘垂直。匀速转动制动盘，记下制动盘的最大跳动量。超出规定范围需更换新件。

提示：新制动盘在更换之前需用专用清洁剂清洗表面的保护油膜，并用干净抹布擦干或用压缩空气吹干。如图6-3-9（c）所示。

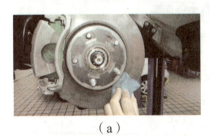　　

（a）　　　　　　　　　　　（b）　　　　　　　　　　　（c）

图6-3-9　制动盘圆跳动量检查

（4）清洁制动盘并安装制动片。如图6-3-10（a）所示。

（5）使用专用工具压回制动分泵活塞。将制动分泵活塞压至初始位置。如图6-3-10（b）所示。

（6）安装制动卡钳螺栓。把制动卡钳反过来旋入制动卡钳滑销螺栓，并用27 N·m的力矩拧紧。如图6-3-10（c）所示。

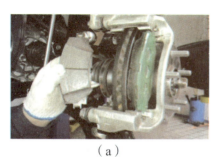 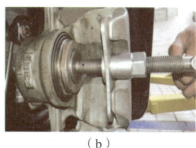 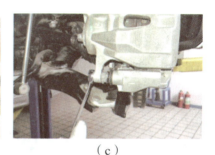

图6-3-10　安装制动片，压回制动分泵活塞，安装制动卡钳螺栓

（7）安装轮胎。安装轮胎并紧固轮胎螺栓，紧固力矩为90 N·m。如图6-3-11（a）所示。

（8）恢复制动间隙。起动发动机，连续踩制动踏板多次，使制动摩擦片与制动盘之间恢复间隙。如图6-3-11（b）所示。

（9）清理工位。清理工具、量具，保持现场清洁。如图6-3-11（c）所示。

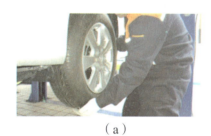 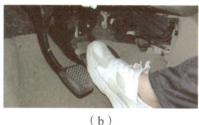 

图6-3-11　安装轮胎，恢复制动间隙，清理工位

模块六　鼓式制动器的检查

（1）拆卸制动鼓。使用专用工具拆下制动鼓。如图6-3-12（a）所示。

（2）测量制动片厚度。使用游标卡尺测量制动片厚度，标准值为6~8 mm。如图6-3-12（b）所示。

（3）清洁制动鼓内部。如图6-3-12（c）所示。

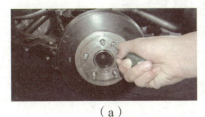
（a）
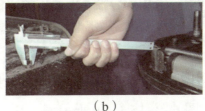
（b）

（c）

图6-3-12　拆卸制动鼓，测量制动片厚度，清洁制动鼓内部

（4）清洁量具。如图6-3-13（a）所示。

（5）测量制动鼓内径。沿制动鼓上平面每间隔90°画好位置点，使用游标卡尺的深度尺调整到2.5 cm，在画好的四个点位向下找到2.5 cm处画线，使用内径游标卡尺测量2个数据后找平均值与标准值对比。如超出标准值则需更换。如图6-3-13（b）所示。

（6）安装制动鼓。换使用专用工具，按照标准扭矩紧固。如图6-3-13（c）所示。

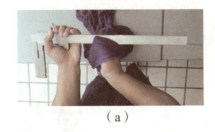
（a）

（b）
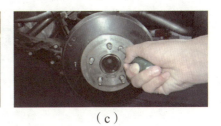
（c）

图6-3-13　清洁量具，测量制动鼓内径，安装制动鼓

（7）安装轮胎。安装轮胎并紧固轮胎螺栓，紧固力矩为90 N·m。如图6-3-14（a）所示。

（8）恢复制动间隙。起动发动机，连续踩制动踏板多次，使制动摩擦片与制动鼓之间恢复间隙。如图6-3-14（b）所示。

（9）清理工位。清理工具、量具，保持现场清洁。如图6-3-14（c）所示。

（a）
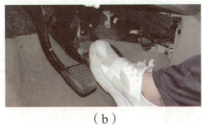
（b）

（c）

图6-3-14　安装轮胎及复位，并清理工位

模块七　制动液位及管路的检查

（1）制动液液位的检查。图中 min 线为制动液液位最低线，max 为制动液液位最高线。检查储液壶外观是否有泄漏。如图 6-3-15（a）所示。

（2）制动管路检查。如图 6-3-15（b）所示。

（3）检查四轮制动分泵连接软管。如图 6-3-15（c）所示。

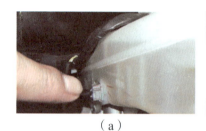 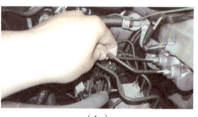 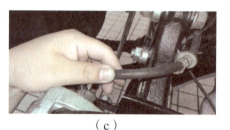

（a）　　　　　　　　　　（b）　　　　　　　　　　（c）

图 6-3-15　制动液液位、管路及四轮制动分泵连接软管的检查

专题四　悬架的检查

学习目标

完成本学习任务后，你应当能：
1. 了解悬架系统的组成作用；
2. 掌握悬架系统的检查位置及方法。

学习任务

一辆卡罗拉轿车需要对悬架系统进行检查。

模块一 知识准备

引导问题 1：悬架系统的组成及作用有哪些?

悬架的作用是把车桥和车架弹性地连接起来，并用它来吸收和缓和行驶中因路面不平引起的车轮跳动而传给车架的冲击和振动；传递路面作用于车轮的支持力、驱动力、制动力和侧向力及其产生的力矩。

悬架一般都是由弹性元件、减振器和导向机构三部分组成的，它们分别起着缓冲、减振、导向和传递力及力矩的作用。

引导问题 2：悬架系统常见故障有哪些?

悬架系统常见的故障包括行驶异响、车辆转弯时车身倾斜过大、车轮定位数据变化、轮胎异常磨损、车辆摆振行驶不稳等。

模块二 悬架系统的检查

（1）前减振器阻尼检查。按压前部车身检查减振器的阻尼力，主要观察车身上下浮动的次数及所需时间。如图6-4-1（a）所示。

（2）后减振器阻尼检查。按压后部车身检查减振器的阻尼力，主要观察车身上下浮动的次数及所需时间。如图6-4-1（b）所示。

（3）车身前部水平检查。采用半蹲姿势观察车辆正前方车身的倾斜状况。如图6-4-1（c）所示。

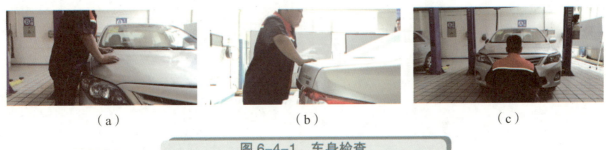

图 6-4-1 车身检查

（4）车身后部水平检查。采用半蹲姿势观察车辆正后方车身的倾斜状况。如图6-4-2（a）所示。

（5）举升车辆到合适高度，并锁止举升机。如图6-4-2（b）所示。

（6）目测减振器是否漏油。如图6-4-2（c）所示。

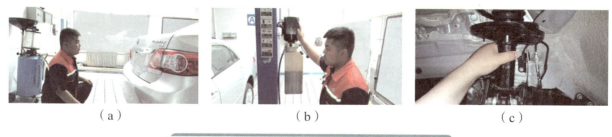

图6-4-2 减振器检查

（7）下控制臂胶套及球节的检查。检查左右下控制臂胶套及球节是否损坏。如图6-4-3（a）所示。

（8）转向横拉杆的检查。检查左右转向横拉杆是否松旷。如图6-4-3（b）所示。

（9）清洁场地。如图6-4-3（c）所示。

图6-4-3 下控制臂胶套、球节、转向横拉杆的检查，清洁场地

项目七

汽车电气相关维护

专题一 蓄电池的检查与维护

学习目标

完成本学习任务后,你应当能:

1. 了解蓄电池的作用及结构;
2. 了解如何保养蓄电池;
2. 掌握蓄电池的检查与维护。

学习任务

一辆丰田卡罗拉轿车蓄电池工作不正常,请对其进行检查。

模块一 知识准备

引导问题1：蓄电池的作用及结构有哪些？

1. 汽车蓄电池的作用

（1）起动发动机时，给起动机提供强大的起动电流；

（2）当发电机过载时，可以协助发电机向用电设备供电；

（3）当发动机处于怠速时，向用电设备供电；

（4）蓄电池还是一个大容量电容器，可以保护汽车的用电器。

2. 汽车蓄电池的结构

汽车蓄电池主要由外壳、正极板、负极板、隔板、极桩等组成，如图7-1-1所示。

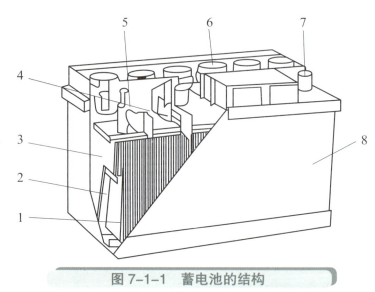

图 7-1-1 蓄电池的结构

1—正极板；2—隔板；3—负极板；4—穿壁连接条；5—负极桩；
6—加液孔盖；7—正极桩；8—外壳

引导问题2：蓄电池应如何保养？

（1）当电池的电压不足且灯光暗淡、起动无力时，应及时进行车外充电；

（2）蓄电池在汽车上安装要牢固，减轻振动；

（3）经常清除蓄电池盖上的灰尘污物及溢出的电解液，保持清洁干燥，防止自放电；

（4）防止蓄电池长时间、大电流放电，每次使用起动时间不能大于5 s，两次连续起动，中间间隔 10~15 s；

（5）汽车在寒区行驶，要避免蓄电池完全放电，以免电解液冻结。

引导问题 3：蓄电池出现故障，汽车会有哪些故障现象？

（1）汽车起动困难，或者无法起动；

（2）照明灯光弱，无法提供正常照明功能。

模块二　使用操作

蓄电池检查：

（1）打开发动机舱盖，安装前格栅布和翼子板布。防止在操作过程中对汽车刮碰。如图 7-1-2（a）所示。

（2）检查蓄电池外壳。检查外壳是否有裂痕、泄漏，极柱端子是否腐蚀、污染。如图 7-1-2（b）所示。

（3）检查蓄电池极柱端子与导线连接是否可靠。用手晃动连接端，无松动、脱落为正常。如图 7-1-2（c）所示。

 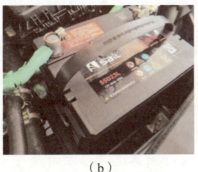 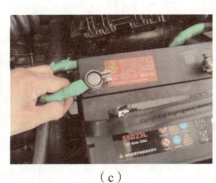

（a）　　　　　　　　　　　（b）　　　　　　　　　　　（c）

图 7-1-2　蓄电池检查（1）

（4）测量蓄电池静态电压。用万用表测量，标准电压为 12 V，正负误差不超过 1 V。如图 7-1-3（a）所示。

（5）测量蓄电池充电电压。着车，用万用表测量蓄电池的充电电压，标准电压为 13~14.8 V。如图 7-1-3（b）所示。

（6）整理清洁。拆下翼子板布和前格栅布，清理工位，贯彻 7S 理念。如图 7-1-3（c）所示。

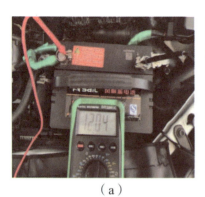
(a)
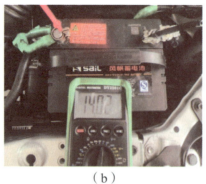
(b)

(c)

图 7-1-3　蓄电池检查（2）

专题二　火花塞的检查与维护

学习目标

完成本学习任务后，你应当能：

1. 了解火花塞的作用及结构；

2. 掌握火花塞的检查与维护。

学习任务

一辆丰田卡罗拉轿车起动困难，怠速时，方向盘规律抖动，且会出现熄火情况，判断是火花塞出现故障，请对火花塞进行检查。

模块一 知识准备

引导问题 1：火花塞的作用及结构

1. 火花塞的作用

将点火线圈产生的脉冲高压电引入发动机燃烧室，并在其两个电极之间产生电火花，以点燃可燃混合气。

2. 火花塞的结构

火花塞主要由接线螺母、绝缘体、中心电极、侧电极等组成，如图 7-2-1 所示。

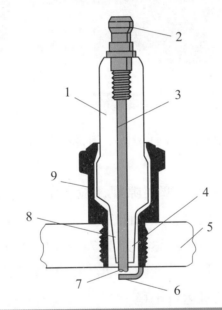

图 7-2-1 火花塞的结构

1—绝缘体；2—接线螺母；3—中心电极导体；4—冷型火花塞；5—缸体；6—接地电极；
7—中心电极；8—热型火花塞；9—金属壳体

引导问题 2：火花塞出现问题，反映在汽车上的故障有哪些？

（1）起动困难；

（2）急速时易熄火，手握方向盘会感觉到规律性抖动；

（3）加速不畅，动力减弱；

（4）前行时有顿挫感，急加速时发动机声音比较闷，排气有如放炮，甚至冒黑烟。

模块二 使用操作

火花塞的检查：

（1）安装车轮挡块和排烟以及车内三件套。如图7-2-2（a）所示。

（2）打开发动机舱盖，安装翼子板布和前格栅布。如图7-2-2（b）所示。

（3）关闭点火开关，断开点火线圈的电气连接线。

（4）用专用工具拆下火花塞，并用干净的布遮住火花塞孔。如图7-2-2（c）所示。

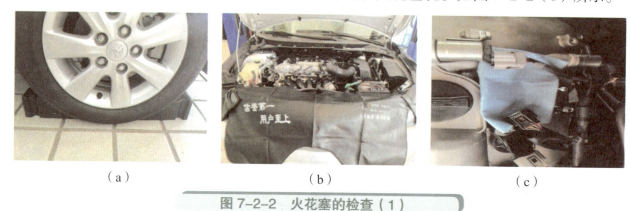

图7-2-2 火花塞的检查（1）

（5）检查火花塞外观。①电极是否有烧灼、积碳和油污；②绝缘体是否有损坏；③连接螺纹是否有损坏。

（6）检查火花塞间隙。使用火花塞间隙规，检查中央电极和侧电极之间的间隙，一般在0.8~1.0 mm，如超出标准，应调整。如图7-2-3（a）所示。

（7）安装火花塞，并按规定扭矩拧紧。如图7-2-3（b）所示。

（8）安装点火线圈及电气连接线。如图7-2-3（c）所示。

（9）起动发动机，确认发动机运行平稳。

（10）整理清洁。收起翼子板布、前格栅布、车轮挡块、车内三件套。清理工位，贯彻7S理念。

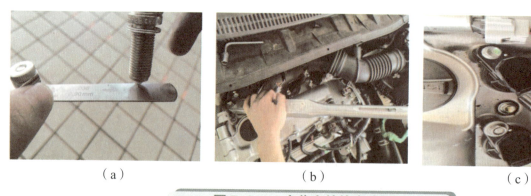

图7-2-3 火花塞的检查（2）

专题三 挡风玻璃刮水器的检查与维护

学习目标

完成本学习任务后，你应当能：

1. 了解电动刮水器的作用及结构；
2. 掌握刮水器控制开关的使用方法；
3. 掌握刮水器的检测与维护。

学习任务

一辆丰田卡罗拉轿车进行二级维护保养，请对前挡风玻璃刮水器进行检查。

模块一 知识准备

引导问题1：电动刮水器的作用及结构是什么？

1. 电动刮水器的作用

刮水器的作用是清除风窗玻璃上的雨水、雪或尘土，以确保为驾驶员提供良好的能见度。

2. 电动刮水器的结构

电动刮水器主要由直流电动机、曲柄、连杆、摆杆和刮水片等组成，如图7-3-1所示。

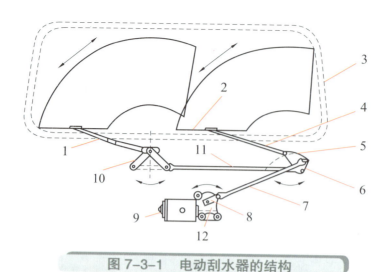

图 7-3-1 电动刮水器的结构

1，4—刮水器臂；2—刮水片；3—前窗玻璃；5—枢轴；6—短臂；7，11—连杆；8—曲柄；9—刮水器电机；10—摆臂；12—蜗杆蜗轮减速器

引导问题2：电动刮水器控制开关怎样使用？

使用方法如图 7-3-2 所示。

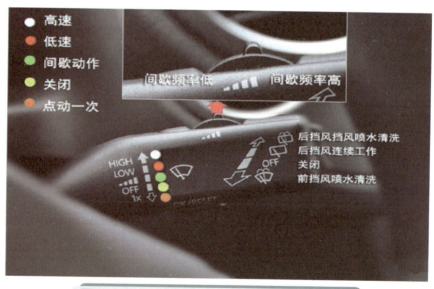

图 7-3-2 电动刮水器控制开关的使用说明

引导问题3：电动刮水器的日常保养有哪些？

（1）晴天使用刮水器除去风挡表面的灰尘时，一定要喷洒玻璃水，不能干刮。

（2）玻璃上有其他顽固、坚硬的污物，应该用手工清理。这些东西很容易损坏刮水器，严重的话，刮水器的电机也会受到影响。

（3）洗车和日常打扫需抬起刮水器时，要执拿刮水器的"脊背"，放时轻轻送回，不可"啪"的一下将刮水器弹回。

（4）冬季使用时，应先用冰铲清理挡风玻璃表面的冰碴，以免加重刮水器的负担。

（5）尽量避免高温曝晒，夏日强烈的高温会考验刮水器的橡胶材质，长期下去会造成变形或失去弹性。

（6）在停车前应将刮水器关闭再熄火。遇到大雪天，必要时夜间停车将刮水器支起来，以避免被冻住。

模块二 使用操作

刮水器的检查：

（1）检测玻璃水液位是否正常。如玻璃水液位不足应及时添加。如图7-3-3（a）所示。

（2）检查刮水器胶条是否正常。胶条应无裂痕、无老化、无松动，以保证刮拭效果正常。如图7-3-3（b）所示。

（3）安装车内三件套。如图7-3-3（c）所示。

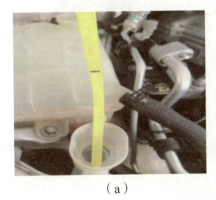
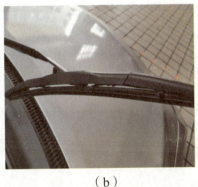

（a）　　　　　　　　　　（b）　　　　　　　　　　（c）

图 7-3-3　刮水器的检查（1）

（4）检查前挡风玻璃洗涤器的喷射力和喷射位置。如图7-3-4（a）所示。

（5）检查前挡风玻璃洗涤器喷射时刮水器的联动情况。

（6）检查前挡风玻璃刮水器的低速和高速工作情况及有无异响，并检查自动回位功能。

（7）检查前挡风玻璃刮水器的刮拭情况。如图7-3-4（b）所示。

（8）整理清洁。清理工位，贯彻7S理念。如图7-3-4（c）所示。

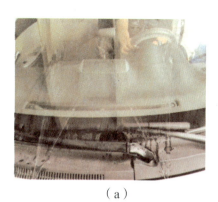  

(a)　　　　　　　　(b)　　　　　　　　(c)

图 7-3-4　刮水器的检查（2）

专题四　喇叭的检查与维护

学习目标

完成本学习任务后，你应当能：

1. 了解喇叭的作用及结构；
2. 掌握喇叭的日常维护；
3. 掌握喇叭的检查与维护。

学习任务

一辆丰田卡罗拉轿车喇叭工作时有异常，请对其进行检查。

模块一 知识准备

引导问题 1：喇叭的作用及结构有哪些？

1. 喇叭的作用

喇叭是汽车的音响信号装置，在汽车的行驶过程中，驾驶员根据需要和规定发出必需的音响信号，警告行人和引起其他车辆注意，保证交通安全。同时还用于催行与传递信号。

2. 喇叭的结构

喇叭的结构如图 7-4-1 所示。

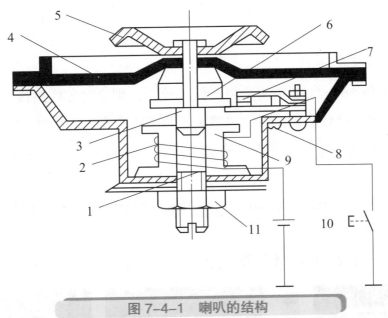

图 7-4-1　喇叭的结构

1—下铁芯；2—线圈；3—上铁芯；4—膜片；5—共鸣板；6—衔铁；7—触点；8—调整螺钉；9—电磁铁芯；10—按钮；11—锁紧螺母

引导问题 2：怎样进行喇叭的日常维护？

（1）保持喇叭外表清洁，各接线要牢靠；

（2）经常检查、紧固喇叭和支架的固定螺钉，保证其搭铁可靠；

（3）洗车时，不能用水直接冲洗喇叭筒，以免水进入喇叭筒而使喇叭不响；

（4）喇叭连续发声不得超过 10 s，以免损坏喇叭。

引导问题3：喇叭易出现的故障有哪些？

（1）有时不响。按喇叭开关，如果喇叭有时响，有时不响，多是喇叭开关内部的触点接触不好，有些也是喇叭本身的问题。

（2）声音沙哑。多是由于插头接触不良，特别是转向盘周围的各个触点，由于使用频繁，容易使触点出现磨损。

（3）完全不响。首先检查熔断丝看是否熔断，然后拔下喇叭插头，用万用表测量在按喇叭开关时此处是否有电。如果没有电，应检查喇叭线束和喇叭继电器；如果有电，则是喇叭本身的问题，此时也可以试着调节喇叭上的调节螺母看是否能发声，如果还是不响，则需要更换喇叭。

模块二 使用操作

喇叭的检查：

（1）安装车内三件套。

（2）检查喇叭的鸣声：①如果喇叭声音低沉较弱，则要对各线路接头以及蓄电池电压进行检查；②如果喇叭没有声音，则要对熔断丝和喇叭本身进行检测。

（3）声音低沉较弱：检查喇叭各线路接头是否有松动，如图7-4-2（a）所示。检查蓄电池电压，如图7-4-2（b）所示。

（4）喇叭没有声音：检查喇叭熔断丝，如图7-4-2（c）所示。检查喇叭内部结构是否有损坏。

（5）整理清洁。清理工位，贯彻7S理念。

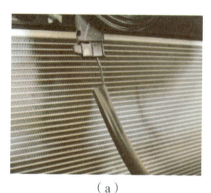
（a）

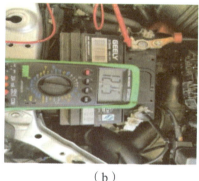
（b）

（c）

图7-4-2 喇叭的检查

专题五　电动车窗的检查与维护

学习目标

完成本学习任务后，你应当能：
1. 了解电动车窗的作用及结构；
2. 掌握电动车窗的日常维护；
3. 掌握电动车窗的检查。

学习任务

一辆丰田卡罗拉轿车玻璃升降困难且在升降中有异响，请对其进行检查。

模块一　知识准备

引导问题1：电动车窗的作用及结构有哪些？

1. 电动车窗的作用

目前，汽车普遍装有电动车窗。电动车窗可使驾驶员或乘员坐在座位上，利用开关操作自动升降门窗玻璃，即使在行车过程中，也能安全方便地开关门窗。

2. 电动车窗的结构

电动车窗的结构如图7-5-1所示。

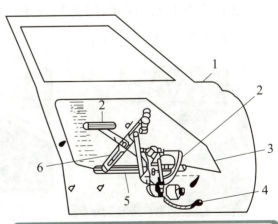

图7-5-1　电动车窗的结构

1—车门；2—驱动齿扇；3—车窗玻璃；
4—电动机及插座；5—支架和导轨；6—调整杆

引导问题2：电动车窗常见故障有哪些？

（1）汽车行驶在颠簸路面的时候，汽车玻璃会有异响。

原因分析：螺丝或卡扣松动；门饰板内有异物；玻璃与内压条之间有旷量，需及时清理异物、紧固玻璃、固定螺丝或是更换内压条。

（2）玻璃在升降过程中出现异响。

一种是玻璃升降器导轨异响，这时只需要清理导轨并涂抹一些润滑油；另一种是玻璃升降零部件故障，需要更换玻璃升降器总成。

（3）玻璃升降困难，有些甚至需要借助人力才能升起或降下。

一种是玻璃胶条老化变形，需要更换新的密封条，不严重的话就涂抹滑石粉润滑；另一种是玻璃升降导轨有异物，需要清洗并涂抹润滑脂；还有一种是电机故障或是蓄电池电量低，需要充电或是更换电机。

（4）玻璃升降器升一半后自动下降。

可能是密封胶条或玻璃升降器的问题，一般配备有车窗玻璃防夹功能的车会遇到这些问题。

模块二　使用操作

电动车窗的检查：

（1）安装车内三件套。如图7-5-2（a）所示。

（2）检查电动门窗四门玻璃的升降情况：①观察在升降过程中有无异响；②观察在升起过程中有无不受控制自由下落情况。如图7-5-2（b）所示。

（3）检查电动门窗四门密封胶条情况。有无老化、变形、腐蚀的情况，如有应及时更换。如图7-5-2（c）所示。

（a）

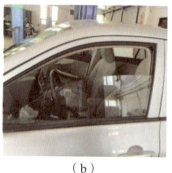
（b）

（c）

图7-5-2　电动车窗的检查（1）

（4）清洁玻璃升降器导轨中的脏物。如图 7-5-3（a）所示。

（5）对升降器导轨进行保养。将导轨用抹布或风枪清理干净。如图 7-5-3（b）所示。

（6）整理清洁。清理工位，贯彻 7S 理念。如图 7-5-3（c）所示。

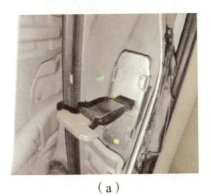 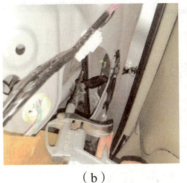 

（a） （b） （c）

图 7-5-3 电动车窗的检查（2）

专题六　电动座椅的检查与维护

学习目标

完成本学习任务后，你应当能：

1. 了解电动座椅的作用及结构；

2. 了解如何使用电动座椅的控制开关；

3. 掌握电动座椅检查与维护的方法。

学习任务

一辆丰田卡罗拉轿车电动座椅在向前和向后滑动式工作不流畅，请对其进行检查。

模块一 知识准备

引导问题1：电动座椅的作用及结构有哪些？

1. 汽车电动座椅的作用

电动座椅就是可以通过电动机的控制来调节座椅的前后位置、上下高度、靠背角度，更豪华的还可以调节大腿支撑、腰部支撑等。

电动座椅越来越智能化和人性化，不但有多达十几种调节方向的方式，而且具有按摩和"迎宾"功能。例如有的轿车的驾驶座椅，驾驶人上车后，关好车门，接通点火开关，电动座椅会自动向前移动约25 mm，以便于驾驶人操纵方向盘；驾驶人退出点火钥匙，打开车门准备离开时，电动座椅会自动向后移动约25 mm，以便于驾驶人下车。

2. 汽车电动座椅的结构

汽车电动座椅的结构，如图7-6-1所示。

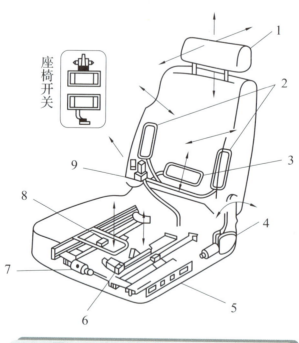

图7-6-1 汽车电动座椅的结构

1—头枕；2—侧面支撑气垫；3—腰部支撑气垫；4—后仰装置；5—座椅调节开关；
6—升降电动机总成；7—滑移电动机和杆件总成；8—大腿支撑；9—气泵

引导问题 2：电动座椅控制开关如何使用？

电动座椅使用说明如图 7-6-2 所示。

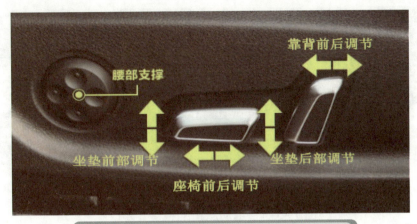

图 7-6-2　电动座椅使用说明

模块二　使用操作

电动座椅的检查：

（1）检查电动座椅表面是否有损坏。如图 7-6-3（a）所示。

（2）安装车内三件套。如图 7-6-3（b）所示。

（3）检查电动座椅控制开关的工作情况：①坐垫前部、后部调节；②座椅前后移动调节；③靠背前后调节；④腰部支撑调节。如图 7-6-3（c）所示。

　　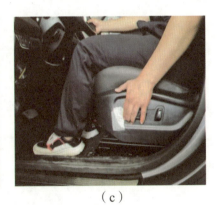

（a）　　　　　　　　　　　　　（b）　　　　　　　　　　　　　（c）

图 7-6-3　电动座椅的检查（1）

（4）清除电动座椅下面的脏物。用车用吸尘器和抹布将座椅下方的灰尘、脏物清理干净。如图 7-6-4（a）所示。

（5）在电动座椅的滑轨上重新涂抹适量润滑脂。如图7-6-4（b）所示。

（6）整理清洁。拆下车内三件套，清理工位，贯彻7S理念。如图7-6-4（c）所示。

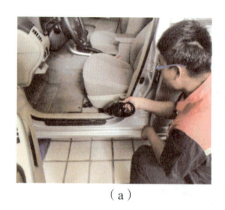
（a）

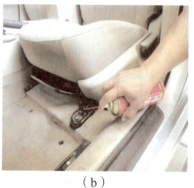
（b）

（c）

图7-6-4　电动座椅的检查（2）

目 录

学习任务 1　安全操作认知工作页 ··· 1

学习任务 2　汽车整体认知工作页 ··· 3

学习任务 3　汽车维修常用的量具和工具 ·· 6
　　学习任务 3.1　活塞环三隙测量工作页 ·· 6
　　学习任务 3.2　曲轴主轴颈测量工作页 ·· 9
　　学习任务 3.3　气缸圆柱度测量工作页 ·· 12
　　学习任务 3.4　正确使用万用表工作页 ·· 15

学习任务 4　常用设备的使用 ··· 18
　　学习任务 4.1　举升机的使用工作页 ·· 18
　　学习任务 4.2　轮胎拆装机的使用工作页 ··· 21
　　学习任务 4.3　轮胎动平衡机的使用工作页 ··· 24

学习任务 5　汽车发动机相关维护 ··· 27
　　学习任务 5.1　发动机舱检查和更换工作页 ··· 27
　　学习任务 5.2　节气门体的检查维修工作页 ··· 31

学习任务 6　汽车底盘基础维护 ·· 34
　　学习任务 6.1　汽车轮胎换位工作页 ·· 34
　　学习任务 6.2　汽车离合器、制动踏板行程测量工作页 ····································· 37
　　学习任务 6.3　汽车制动器检查工作页 ·· 40
　　学习任务 6.4　汽车悬架检查工作页 ·· 43

学习任务 7　汽车电气相关维护 ·· 46
　　学习任务 7.1　蓄电池的检查工作页 ·· 46
　　学习任务 7.2　火花塞的检查和维护工作页 ··· 50
　　学习任务 7.3　刮水器的检查和维护工作页 ··· 53
　　学习任务 7.4　汽车喇叭的检查工作页 ·· 56
　　学习任务 7.5　电动车窗和电动座椅的检查与维护工作页 ·································· 59

学习任务1 安全操作认知工作页

任务名称	安全操作认知	学　　时		班　　级	
学生姓名		学生学号		任务成绩	
任务目的	熟知汽车维护安全操作内容				

一、填空题

1. 7S 是指_____、_____、_____、_____、_____、_____、_____。

2. 行走中吃花生、瓜子，并任意乱丢属于 7S 中_____的范畴。

3. 将物品区分为"要用的"和"不要用的"是属于 7S 中_____的范畴。

4. _____是"7S"活动核心，没有人员素质的提高，各项活动就不能顺利开展，即使开展了也坚持不了。

5. _____是保障员工的人身安全，保证生产的连续安全正常的进行，同时减少因安全事故而带来的经济损失。

二、判断题

1. 工厂脏乱没关系，产品好销就行。　　　　　　　　　　　　　　　　（　　）
2. 公司与全体员工必须永远抱着要推进 7S 的态度。　　　　　　　　　（　　）
3. 汽车 4S 店什么地方有什么东西，我们有经验，靠感觉就可以了。　　（　　）
4. 7S 理念是一种持之以恒的项目，不能坚持的话，则 7S 活动难以成功。（　　）
5. 长年养成的工作习惯，虽然不合理，但容易工作，不必遵循公司制度。（　　）
6. 汽车维护对于确保客户的安全是一项重要的工作。　　　　　　　　　（　　）
7. 整理车间时，车辆可以随意停放。　　　　　　　　　　　　　　　　（　　）
8. 在进行维护作业时，技术员的衣服可以随便穿着。　　　　　　　　　（　　）
9. 为避免弄脏客户车辆，应安装"五件套"，并且不要随意摆弄汽车附件。（　　）

三、简答题

1. 查阅相关资料，说明帕萨特和凯美瑞的保养周期分别是多少。

2. 我国现行汽车维护分为哪几类?

3. 我国维护制度的原则是什么?

四、把下面岗位要求与所对应的具体内容进行匹配

1. 快速可靠地工作　　　　完成维修单和维修报告

2. 按时完成工作　　　　　将旧零件放在预定的地方

3. 计划和准备　　　　　　正确使用专用维修工具和测试仪

4. 保存旧零件　　　　　　如果能按时完成该工作，请不时地再检查一下

5. 后续工作　　　　　　　为工作做好计划（工作程序）

五、评估

1. 请根据任务完成情况，对自己的工作进行自我评估，并写出注意事项。

（1）_____

_____

（2）_____

_____

（3）_____

_____

2. 工单成绩（总分为自我评价、组长评价和教师评价得分值的平均值）。

自我评价	组长评价	教师评价	总分

学习任务2　汽车整体认知工作页

任务名称	安全操作认知	学　　时		班　级	
学生姓名		学生学号		任务成绩	
任务目的	掌握汽车的整体结构及部件的安装位置				

一、填空题

1. 活塞向上运动到_____，即活塞离曲轴回转中心最远处称为上止点。

2. 上、下两止点间的距离称为_____。

3. 发动机所有气缸工作容积之和称为发动机的_____。

4. 四行程汽油机是指通过_____、_____、_____和_____4个行程完成一个工作循环。

5. 汽油机进气行程吸进的是_____，而柴油机进气行程吸进的是_____。

6. 曲柄连杆机构由_____、_____和_____组成。

7. 配气机构由_____和_____组成。

8. 汽油电控喷射系统由_____、_____和_____3个子系统组成。

9. 冷却系统主要由_____、_____、_____、_____和_____等组成。

10. 润滑系统的5个作用是_____、_____、_____、_____和_____。

11. 传动系统由_____、_____、_____、_____和_____等组成。

12. _____是车架与车桥之间连接、传力装置的总称。

13. 汽车的转向系统按转向能源的不同，分为_____和_____两大类。

14. _____的功用是使汽车减速、在最短距离停车、在坡道上停放等。

15. 汽车电气是指汽车上所有的用电设备的总称，它包括_____、_____、_____、_____和_____等若干个系统。

16. 起动系统由_____、_____和_____等组成。

17. 点火系统的作用是使火花塞适时打出电火花，点燃气缸内的_____。

二、请根据图片识别出部件名称

1. 根据图片，写出传动系统传递路线。

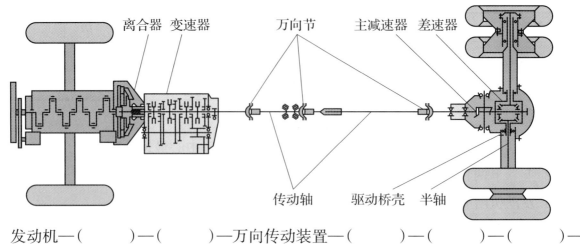

发动机—（　　　）—（　　　）—万向传动装置—（　　　）—（　　　）—（　　　）—驱动轮。

2. 根据图片，将零部件序号填写到相应方框内。

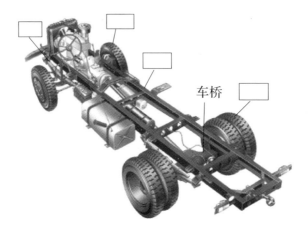

（1）车轮　　　（2）悬架　　　（3）车架　　　（4）轮胎

3. 根据图片，将零部件序号填写到相应方框内。

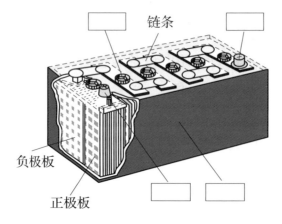

（1）正极桩　　　（2）负极桩　　　（3）加液孔盖　　　（4）壳体

4. 根据图片，将零部件序号填写到相应方框内。

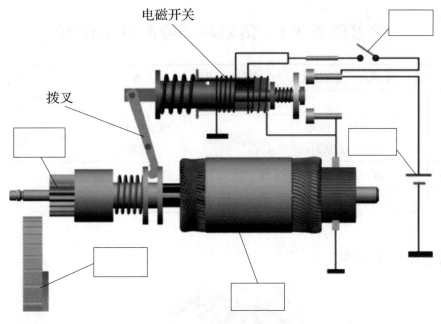

（1）点火开关　（2）蓄电池　（3）飞轮　（4）起动机转子　（5）单向离合器

三、评估

1. 请根据任务完成情况，对自己的工作进行自我评估，并写出注意事项。

（1）_____

_____

（2）_____

_____

（3）_____

2. 工单成绩（总分为自我评价、组长评价和教师评价得分值的平均值）。

自我评价	组长评价	教师评价	总分

学习任务 3　汽车维修常用的量具和工具

学习任务 3.1　活塞环三隙测量工作页

任务名称	活塞环三隙测量	学　　时	6	班　　级	
学生姓名		学生学号		任务成绩	
实训设备、工具及仪器	游标卡尺、抹布、活塞、活塞环	实训场地	理实一体化教室	日　　期	
客户任务描述	客户描述车辆在使用过程中排气管冒蓝烟				
任务目的	怀疑发动机烧机油，需要测量活塞环间隙				

一、资讯

（一）活塞环有哪两种？

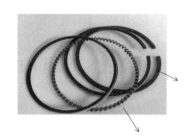

（二）活塞环的作用是什么？

1._____用来密封活塞与_____的间隙，防止气缸内的气体窜入_____，以及将活塞头部的热量传给气缸壁再由_____或空气带走。

2._____的作用是刮掉气缸壁上多余的机油，并在气缸壁上铺涂一层均匀的机油油膜，这样既可以防止_____窜入气缸燃烧，又可以减少活塞及活塞环与_____的磨损。

（三）活塞环间隙的作用是什么？

二、计划与决策

请根据任务要求，确定所需要的仪器、工具，并对小组成员进行合理分工，制订详细的工作计划。

1.需要的检测仪器、工具。

2.小组成员分工。

3.计划。

三、实施

1. 检查_____。
2. 清洁_____。
3. 观察游标卡尺的零线_____。
4. 测量_____高度。
5. 测量_____高度。

项目	测量侧隙		
活塞环高度		活塞环槽高度	
计算		侧隙	
判定结果	□合格　□不合格		

6. 测量_____厚度。
7. 测量_____深度。

项目	测量背隙		
活塞环高度		活塞环槽高度	
计算		背隙	
判定结果	□合格　□不合格		

8. 测量活塞环的端隙。□合格　□不合格
9. 活塞环。□合格　□不合格

四、检查

1. 清洁并整理_____，放置在指定位置。
2. 清扫_____。

五、评估

1. 请根据任务完成情况，对自己的工作进行自我评估，并写出注意事项。

（1）_____

（2）_____

（3）_____

2. 工单成绩（总分为自我评价、组长评价和教师评价得分值的平均值）。

自我评价	组长评价	教师评价	总分

任务评价表

序号	作业内容	实训步骤	配分	得分
一、作业前准备（测量前检查）				
1	实训环境（工位）	发动机车间	2	
2	实训工具	抹布（清洁工作台）	2	
		抹布（清洁工件）	2	
		抹布（清洁量具）	2	
3	实训设备	游标卡尺	2	
二、自我保护（自检）				
4	工服、手套	工装是否整齐、是否佩戴手套	5	
5	工作前自检（严禁戴戒指、手表等饰品）	严禁戴戒指、手表等饰品	5	
三、作业中（操作过程）				
6	操作流程	（1）清洁	10	
		（2）调零	10	
		（3）测量活塞环高度	10	
		（4）测量活塞环槽高度	10	
		（5）测量活塞环厚度	10	
		（6）测量活塞环槽深度	10	
		（7）测量活塞环间隙	10	
四、作业后（现场恢复）				
7	规范操作	（1）清洁并整理量具，放置到指定位置	5	
	7S 理念	（2）清扫现场，将废物集中处理	5	
合计总分：				
备注：				

学习任务 3.2　曲轴主轴颈测量工作页

任务名称	曲轴主轴颈测量	学　时	6	班　级	
学生姓名		学生学号		任务成绩	
实训设备、工具及仪器	千分尺、抹布、曲轴、V形铁	实训场地	理实一体化教室	日　期	
客户任务描述	客户描述车辆在使用过程噪声变大，且油耗增加				
任务目的	怀疑曲轴磨损，需要测量曲轴				

一、资讯

1. 在图中标出主轴颈。

2. 曲轴安装在哪里？

3. 曲轴主轴颈磨损过度会产生什么现象？

二、计划与决策

请根据任务要求，确定所需要的仪器、工具，并对小组成员进行合理分工，制订详细的工作计划。

1. 需要的检测仪器、工具。

2. 小组成员分工。

3. 计划。

三、实施

1. 准备_____和_____。
2. 清洁千分尺,并_____。
3. 检查曲轴主轴颈_____。
4. 测量曲轴主轴颈Ⅰ尺寸。
5. 测量曲轴主轴颈Ⅱ尺寸。
6. 计算曲轴_____。

测量结果 \ 项目	第一道主轴颈	第二道主轴颈	第三道主轴颈	第四道主轴颈	第五道主轴颈
曲轴主轴颈外观检查					
曲轴轴颈Ⅰ					
曲轴轴颈Ⅱ					
曲轴轴颈					
结果判断及处理					

7. 确定_____。

四、检查

1. 清洁并整理_____,放置在指定位置。
2. 清扫_____。

五、评估

1. 请根据任务完成情况,对自己的工作进行自我评估,并写出注意事项。

(1)_____

(2)_____

(3)_____

2. 工单成绩(总分为自我评价、组长评价和教师评价得分值的平均值)。

自我评价	组长评价	教师评价	总分

任务评价表

序号	作业内容	实训步骤	配分	得分
一、作业前准备（测量前检查）				
1	实训环境（工位）	发动机车间	2	
2	实训工具	抹布（清洁工作台）	2	
		抹布（清洁工件）	2	
		抹布（清洁量具）	2	
3	实训设备	千分尺	2	
二、自我保护（自检）				
4	工服、手套	工装是否整齐、是否佩戴手套	5	
5	工作前自检（严禁戴戒指、手表等饰品）	严禁戴戒指、手表等饰品	5	
三、作业中（操作过程）				
6	操作流程	（1）清洁曲轴和工作台	10	
		（2）清洁千分尺，并调零	10	
		（3）检查曲轴主轴颈外观	10	
		（4）测量曲轴主轴颈Ⅰ尺寸	10	
		（5）测量曲轴主轴颈Ⅱ尺寸	10	
		（6）计算曲轴主轴颈	10	
		（7）确定处理方式	10	
四、作业后（现场恢复）				
7	规范操作	（1）清洁并整理量具，放置到指定位置	5	
	7S 理念	（2）清扫现场，将废物集中处理	5	
合计总分：				
备注：				

学习任务 3.3　气缸圆柱度测量工作页

任务名称	气缸圆柱度测量	学　　时	6	班　级	
学生姓名		学生学号		任务成绩	
实训设备、工具及仪器	百分表、接杆、抹布、气缸体	实训场地	理实一体化教室	日　期	
客户任务描述	客户描述车辆在使用过程中发动机敲缸、缸压低、排气管冒蓝烟				
任务目的	怀疑缸体磨损，需要测量气缸圆柱度				

一、资讯

　　1. 标出测量位置。

　　2. 标出测量角度和测量位置。

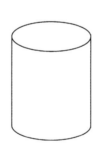

二、计划与决策

　　请根据任务要求，确定所需要的仪器、工具，并对小组成员进行合理分工，制订详细的工作计划。

　　1. 需要的检测仪器、工具。

　　2. 小组成员分工。

　　3. 计划。

三、实施

1. 准备_____和_____。

2. 清洁_____。

3. 清洁_____和接杆。

4. 根据气缸直径的尺寸,选择合适的_____,固定在百分表的_____。接杆固定好后与活动测杆的总长度应与被测气缸尺寸相适应。

5. 校正百分表的尺寸。将外径千分尺校准到被测气缸的标准尺寸,再将百分表校准到外径千分尺的尺寸,并使伸缩杆有_____mm左右的压缩行程,旋转表盘的指针对准_____。

6. 将百分表的测杆伸入到气缸筒上部,根据气缸磨损规律测量第一道活塞环在_____位置时所对应的气缸壁,测量气缸上部的磨损。

7. 将百分表下移,测量气缸_____的磨损。

8. 将百分表下移,测量气缸_____的磨损。

项目 测量结果	第一个气缸	第二个气缸	第三个气缸	第四个气缸
上部位置Ⅰ				
上部位置Ⅱ				
中部位置Ⅰ				
中部位置Ⅱ				
下部位置Ⅰ				
下部位置Ⅱ				
圆柱度				
结果判断及处理				

9. 测量结果。□合格 □不合格

四、检查

1. 清洁并整理_____,放置在指定位置。

2. 清扫_____。

五、评估

1. 请根据任务完成情况,对自己的工作进行自我评估,并写出注意事项。

(1)_____

(2)_____

(3)_____

2. 工单成绩（总分为自我评价、组长评价和教师评价得分值的平均值）。

自我评价	组长评价	教师评价	总分

任务评价表

序号	作业内容	实训步骤	配分	得分
一、作业前准备（测量前检查）				
1	实训环境（工位）	发动机车间	2	
2	实训工具	抹布（清洁工作台）	2	
		抹布（清洁工件）	2	
		抹布（清洁量具）	2	
3	实训设备	百分表、接杆、千分尺	2	
二、自我保护（自检）				
4	工服、手套	工装是否整齐、是否佩戴手套	5	
5	工作前自检（严禁戴戒指、手表等饰品）	严禁戴戒指、手表等饰品	5	
三、作业中（操作过程）				
6	操作流程	（1）清洁测量面	10	
		（2）清洁百分表和接杆	10	
		（3）根据气缸直径的尺寸，选择合适的接杆，固定在百分表的下端。接杆固定好后与活动测杆的总长度应与被测气缸尺寸相适应	10	
		（4）校正百分表的尺寸。将外径千分尺校准到被测气缸的标准尺寸，再将百分表校准到外径千分尺的尺寸，并使伸缩杆有 2 mm 左右的压缩行程，旋转表盘的指针对准零位	10	
		（5）将百分表的测杆伸入到气缸筒上部，根据气缸磨损规律测量第一道活塞环在上止点位置时所对应的气缸壁，测量气缸上部的磨损	10	
		（6）将百分表下移，测量气缸中部的磨损	10	
		（7）将百分表下移，测量气缸下部的磨损	10	
四、作业后（现场恢复）				
7	规范操作	（1）清洁并整理量具，放置到指定位置	5	
	7S 理念	（2）清扫现场，将废物集中处理	5	
合计总分：				
备注：				

学习任务 3.4　正确使用万用表工作页

任务名称	正确使用万用表	学　时	6	班　级	
学生姓名		学生学号		任务成绩	
实训设备、工具及仪器	万用表、实车、温水	实训场地	理实一体化教室	日　期	
客户任务描述	客户需要检查车上的蓄电池电压和熔断器通断				
任务目的	学会万用表的常规使用				

一、资讯

（一）圈里的按键是

（二）该挡可以测量

（三）该挡可以测量

（四）该挡可以测量

（五）该挡可以测量

（六）该挡可以测量

二、计划与决策

　　请根据任务要求，确定所需要的仪器、工具，并对小组成员进行合理分工，制订详细的工作计划。

　　1.需要的检测仪器、工具。

　　2.小组成员分工。

　　3.计划。

三、实施

1. 检查_____。
2. 清洁_____和需要测量的物体。
3. 测量保险的_____。
4. 测量继电器电阻为_____。
5. 测量蓄电池电压为_____。
6. 测量蓄电池电流为_____。
7. 测量水的温度为_____。

四、检查

1. 清洁并整理_____，放置在指定位置。
2. 清扫_____。

五、评估

1. 请根据任务完成情况，对自己的工作进行自我评估，并写出注意事项。

（1）_____

_____

（2）_____

_____

（3）_____

_____

2. 工单成绩（总分为自我评价、组长评价和教师评价得分值的平均值）。

自我评价	组长评价	教师评价	总分

学习任务3　汽车维修常用的量具和工具

任务评价表

序号	作业内容	实训步骤	配分	得分
一、作业前准备（测量前检查）				
1	实训环境（工位）	发动机车间	2	
2	实训工具	抹布（清洁工作台）	2	
		抹布（清洁工件）	2	
		抹布（清洁量具）	2	
3	实训设备	万用表、实车、温水	2	
二、自我保护（自检）				
4	工服、手套	工装是否整齐、是否佩戴手套	5	
5	工作前自检（严禁戴戒指、手表等饰品）	严禁戴戒指、手表等饰品	5	
三、作业中（操作过程）				
6	操作流程	（1）清洁表笔和需要测量的表面	10	
		（2）打开开关，测试万用表	10	
		（3）测量熔断器的通断	10	
		（4）测量继电器电阻	10	
		（5）测量蓄电池电压	10	
		（6）测量蓄电池电流	10	
		（7）测量水的温度	10	
四、作业后（现场恢复）				
7	规范操作	（1）清洁并整理量具，放置到指定位置	5	
	7S 理念	（2）清扫现场，将废物集中处理	5	
合计总分：				
备注：				

学习任务 4　常用设备的使用

学习任务 4.1　举升机的使用工作页

任务名称	举升机的使用	学　　时	4	班　　级	
学生姓名		学生学号		任务成绩	
实训设备、工具及仪器	举升机及卡罗拉汽车一辆	实训场地	理实一体化教室	日　　期	
客户任务描述	客户在车辆使用过程中，感觉底盘有异响，需要举起车辆进行检查				
任务目的	学会使用举升机				

一、资讯

1. 图中举升机是什么类型。

_____

2. 如图所示，说明正在检查举升机的哪项内容。

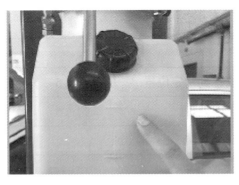

_____

_____

二、计划与决策

请根据维护和检查项目填写下表。

检查项目		工作步骤
作业前预检		
作业中	（1）举升车辆	
	（2）为车辆上保险及解除保险	
	（3）下降车辆	
作业后清洁场地		

三、任务实施

1. 举升机预检。

项目	液压油	举升支臂	举升垫块
判定结果	正常□ 不正常□	正常□ 不正常□	正常□ 不正常□

2. 举升车辆。

3. 下降车辆。

四、检查

检查设备是否收好_____。

五、评估

1. 请根据任务完成情况，对自己的工作进行自我评估，并写出注意事项。

（1）_____

_____

（2）_____

_____

（3）_____

_____

2. 工单成绩（总分为自我评价、组长评价和教师评价得分值的平均值）。

自我评价	组长评价	教师评价	总分

任务评价表

序号	作业内容	实训步骤	配分	得分
一、作业前准备（操作前检查）				
1	实训环境（工位）	维护车间		
2	实训工具			
3	实训设备	举升机		
二、自我保护（自检）				
4	工服、手套	工装是否整齐、是否佩戴手套		
5	工作前自检（严禁戴戒指、手表等饰品）	严禁戴戒指、手表等饰品		
三、作业中（操作过程）				
6	操作流程	（1）举升机预检		
		（2）举升车辆		
		（3）下降车辆		
		（4）清理场地		
四、作业后（现场恢复）				
7	规范操作	（1）严格按照操作要求		
	7S 理念	（2）清扫现场，将废物集中处理		
合计总分：				
备注：				

学习任务 4.2　轮胎拆装机的使用工作页

任务名称	轮胎拆装机的使用	学　　时	4	班　级	
学生姓名		学生学号		任务成绩	
实训设备、工具及仪器	轮胎拆装机	实训场地	理实一体化教室	日　期	
客户任务描述	客户车辆轮胎损坏，需要更换轮胎				
任务目的	学会使用轮胎拆装机				

一、资讯

1. 图中所示的机器作用是什么？

2. 如图所示，说明轮胎拆装机的使用注意事项有哪些。

二、计划与决策

请根据维护和检查项目填写计划表。

检查项目		工作步骤
作业前轮胎拆装机的预检		
作业中	（1）拆卸轮胎	
	（2）安装轮胎	
	（3）轮胎充气	
作业后清洁场地		

三、实施

1. 轮胎拆装机预检。

项目	压缩气源	立柱	各踏板
判定结果	正常□ 不正常□	正常□ 不正常□	正常□ 不正常□

2. 轮胎拆卸及安装。

四、检查

1. 检查设备是否收好_____。

2. 检查轮胎是否正常_____。

五、评估

1. 请根据任务完成情况，对自己的工作进行自我评估，并写出注意事项。

（1）_____

_____

（2）_____

_____

（3）_____

2. 工单成绩（总分为自我评价、组长评价和教师评价得分值的平均值）。

自我评价	组长评价	教师评价	总分

任务评分表

班级:		姓名:		
序号	作业内容	实训步骤	配分	得分
一、作业前准备（操作前检查）				
1	实训环境	检查气源是否正常	2	
2	实训设备	轮胎拆装机检查	2	
二、自我保护（自检）				
3	工服、手套	工装是否整齐、是否佩戴手套	3	
4	工作前自检	严禁戴戒指、手表等饰品	3	
三、作业中（操作过程）				
5	操作流程	（1）拆卸前准备	15	
		（2）拆卸轮胎	20	
		（3）安装轮胎	20	
		（4）充气	15	
四、作业后（现场恢复）				
6	规范操作	（1）严格按照操作要求	10	
	7S 理念	（2）清扫现场，将废物集中处理	10	
合计总分:				
备注:				

学习任务 4.3　轮胎动平衡机的使用工作页

任务名称	轮胎动平衡机的使用	学　时	4	班　级	
学生姓名		学生学号		任务成绩	
实训设备、工具及仪器	轮胎动平衡机	实训场地	理实一体化教室	日　期	
客户任务描述	客户在车辆使用过程中，发现方向盘抖动，需要检查轮胎是否动平衡				
任务目的	学会使用动平衡机				

一、资讯

1. 如图所示，请依次写出动平衡机的组成部分。

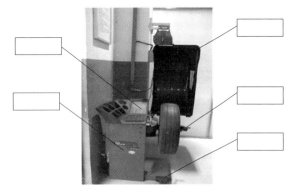

2. 如图所示，说明轮胎动平衡机的使用注意事项有哪些。

二、计划与决策

请根据维护和检查项目填写计划表。

检查项目		工作步骤
作业前轮胎动平衡机的预检		
作业中	（1）准备工作	
	（2）测量数据	
	（3）安装平衡块	
作业后清洁场地		

三、实施

1. 轮胎动平衡预检。

项目	电源	显示与控制装置	防护罩
判定结果	正常□ 不正常□	正常□ 不正常□	正常□ 不正常□

2. 轮胎动平衡操作。

四、检查

1. 检查设备是否收好_____。

2. 检查轮胎是否平衡_____。

五、评估

1. 请根据任务完成情况，对自己的工作进行自我评估，并写出注意事项。

（1）_____

_____

（2）_____

_____

（3）_____

_____

2. 工单成绩（总分为自我评价、组长评价和教师评价得分值的平均值）。

自我评价	组长评价	教师评价	总分

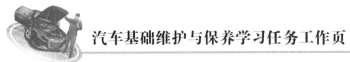

任务评分表

班级：　　　　　　　姓名：

序号	作业内容	实训步骤	配分	得分
一、作业前准备（操作前检查）				
1	实训环境	检查电源是否正常	2	
2	实训设备	轮胎动平衡机检查	2	
二、自我保护（自检）				
3	工服、手套	工装是否整齐、是否佩戴手套	3	
4	工作前自检	严禁戴戒指、手表等饰品	3	
三、作业中（操作过程）				
5	操作流程	（1）准备工作	15	
		（2）安装轮胎	20	
		（3）测量数据	20	
		（4）安装平衡块	15	
四、作业后（现场恢复）				
6	规范操作	（1）严格按照操作要求	10	
	7S 理念	（2）清扫现场，将废物集中处理	10	
合计总分：				
备注：				

学习任务 5 汽车发动机相关维护

学习任务 5.1 发动机舱检查和更换工作页

任务名称	发动机舱检查和更换	学　　时	6	班　　级	
学生姓名		学生学号		任务成绩	
实训设备、工具及仪器	卡罗拉轿车	实训场地	理实一体化教室	日　　期	
客户任务描述	客户一辆卡罗拉轿车使用时间较长，需要给客户检查发动机舱内的空气滤清器、玻璃清洗液、机油、冷却液				
任务目的	掌握检测和更换发动机舱内的空气滤清器、玻璃清洗液、机油、冷却液的方法				

一、资讯

1. 图中哪个位置是空气滤清器，请用箭头标出。

2. 在矿区工作汽车进气系统需要注意＿＿＿＿＿＿＿＿＿＿＿＿＿＿＿＿＿＿。

3. 如图所示，描述玻璃水系统的工作过程。

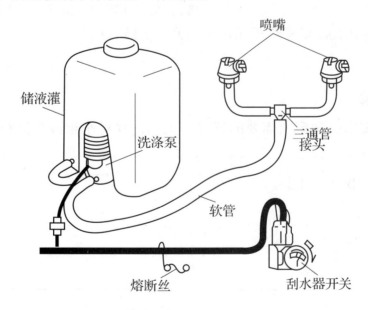

4. 机油分为＿＿＿＿＿＿和质量等级两大类。

5. 如图所示，标出各部件的名称。

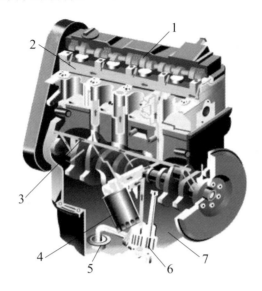

6. 润滑系统的常见故障现象及原因。

名称	故障现象	原因
润滑系统	机油压力不足	
	机油压力偏高	
	机油量消耗量大	
	机油量增多	

7. 冷却液为什么要有防锈蚀的作用？

8. 换冷却液为什么需要将热车和暖风开关打至最右挡？

二、计划与决策

请根据任务要求，确定所需要的仪器、工具，并对小组成员进行合理分工，制订详细的工作计划。

1. 需要的检测仪器、工具。

2. 小组成员分工。

3. 计划。

三、实施

1. 打开发动机舱盖，安装_____。
2. 检查空气滤清器，轻轻掰起两个_____，取下_____，检查是否污损，不严重的话用_____吹干净，严重的话更换新的滤芯。
3. 检查玻璃清洗液液位_____，使用_____工具检查玻璃清洗液是否正常，不足的话添加玻璃清洗液。
4. 检查机油，拔出_____，用干净抹布擦干净，再次插入（插到位）拔出读数，_____区间是正常的。
5. 更换机油，打开加机油盖，升起车辆，拆下_____，放油结束后安好，拆换_____（注意力矩），需要用到_____工具。
6. 降下车辆，加注新机油，注意_____量检查。
7. 检查冷却液液位，检查的部件是_____。
8. 升起车辆（不要太高），打开_____开关，热车直到发动机温度上升到_____全开。
9. 打开膨胀水箱盖，找到_____位置将冷却液放出，放完后拧紧。
10. 降下车辆，加注新冷却液，拧紧盖子，着车直到_____，待车冷却后补加冷却液。
11. 检查及安装做完后，需要做的是_____。

四、检查

1. 检查设备、工具、材料是否收好_____。
2. 检查车辆是否修复完成_____。

五、评估

1. 请根据任务完成情况，对自己的工作进行自我评估，并写出注意事项。
（1）_____
_____
（2）_____
_____
（3）_____

2. 工单成绩（总分为自我评价、组长评价和教师评价得分值的平均值）。

自我评价	组长评价	教师评价	总分

任务评价表

序号	作业内容	实训步骤	配分	得分
一、作业前准备（操作前检查）				
1	实训环境（工位）	汽车整车车间		
2	实训工具	扳手、扭力扳手		
		冰点测试仪		
		前围三件套		
3	实训设备	实车，升降机		
二、自我保护（自检）				
4	工服、手套	工装是否整齐、是否佩戴手套		
5	工作前自检（严禁戴戒指、手表等饰品）	严禁戴戒指、手表等饰品		
三、作业中（操作过程）				
6	操作流程	（1）安装前围三件套，工具检查		
		（2）检查空气滤清器		
		（3）检查玻璃清洗液		
		（4）检查机油量		
		（5）放掉旧机油		
		（6）加注新机油		
		（7）检查冷却液位		
		（8）热车		
		（9）放掉旧冷却液		
		（10）加注新冷却液，着车，根据情况添加冷却液		
四、作业后（现场恢复）				
7	规范操作	（1）清洁并整理量具，放置到指定位置		
	7S理念	（2）清扫现场，将废物集中处理		
合计总分：				
备注：				

学习任务 5.2 节气门体的检查维修工作页

任务名称	节气门体的检查维修	学　时	4	班　级	
学生姓名		学生学号		任务成绩	
实训设备、工具及仪器	卡罗拉轿车一台、万用表、故障诊断仪	实训场地	理实一体化教室	日　期	
客户任务描述	一辆卡罗拉轿车出现了怠速不稳的故障，请你对该车进行检查				
任务目的	掌握如何检测节气门体是否正常工作，以及节气门体的更换				

一、资讯

1. 节气门体安装在汽车的＿＿＿＿＿＿＿＿＿＿＿＿＿＿＿＿＿＿＿＿位置。

2. 双信号式节气门体的优点是＿＿＿＿＿＿＿＿＿＿＿＿＿＿＿＿＿＿＿。

3. 节气门体分为＿＿＿＿＿＿、＿＿＿＿＿＿、＿＿＿＿＿＿。

4. 故障诊断仪在节气门体检查中起到＿＿＿＿＿＿＿＿＿＿＿＿＿＿＿＿＿＿＿＿＿＿＿＿＿＿＿＿＿＿＿＿＿＿作用。

5. 连线题。

传感器电源

电机电源

传感器接地

电机接地

信号 1

信号 2

6. 节气门体的常见故障现象及原因。

名称	故障现象	原因
节气门体	怠速不稳，节气门体阀门抖动剧烈	
	无法加速，节气门体阀门卡在某个位置不动	
	打不着车，节气门体阀门无法开启	
	加速迟缓，节气门体反应迟缓	

二、计划与决策

请根据任务要求，确定所需要的仪器、工具，并对小组成员进行合理分工，制订详细的工作计划。

 1. 需要的检测仪器、工具。

 2. 小组成员分工。

 3. 计划。

三、实施

 1. 打开发动机舱盖，安装_____。

 2. 使用_____工具，拆开_____，可以看到节气门体的节气门片。

 3. 着车，踩_____以观察节气门体的开度，是否匹配。

 4. 使用_____（使用之前需要_____）逐一检查节气门体的插头针脚的_____值。

 5. 拆下节气门体时需要注意记录其上的_____位置，需要检查_____、_____、积碳等异物情况，需要用到_____工具。

 6. 用_____清洗节气门体。

 7. 安装节气门体，注意管路、方向。

 8. 使用_____工具，对节气门体进行还原，还原的原因是_____。

 9. 着车，观察节气门体的开度，是否与_____的开度匹配。

 10. 检查及安装做完后，需要做的是_____。

四、检查

 1. 检查设备、工具、材料是否收好_____。

 2. 检查车辆是否修复完成_____。

五、评估

 1. 请根据任务完成情况，对自己的工作进行自我评估，并写出注意事项。

 （1）_____

 （2）_____

 （3）_____

2. 工单成绩（总分为自我评价、组长评价和教师评价得分值的平均值）。

自我评价	组长评价	教师评价	总分

任务评价表

序号	作业内容	实训步骤	配分	得分
一、作业前准备（操作前检查）				
1	实训环境（工位）	一楼维护车间		
2	实训工具	组合工具		
		前围三件套		
		万用表		
		汽车诊断仪		
3	实训设备	实车，举升机		
二、自我保护（自检）				
4	工服、手套	工装是否整齐、是否佩戴手套		
5	工作前自检（严禁戴戒指、手表等饰品）	严禁戴戒指、手表等饰品		
三、作业中（操作过程）				
6	操作流程	（1）取下平衡块、轮胎调整气压		
		（2）安装轮胎至动平衡机上		
		（3）测量数据		
		（4）安装平衡块		
		（5）取下轮胎		
四、作业后（现场恢复）				
7	规范操作	（1）清洁并整理量具，放置到指定位置		
	7S 理念	（2）清扫现场，将废物集中处理		
合计总分：				
备注：				

学习任务6 汽车底盘基础维护

学习任务6.1 汽车轮胎换位工作页

任务名称	汽车轮胎换位	学 时	4	班 级	
学生姓名		学生学号		任务成绩	
实训设备、工具及仪器	卡罗拉轿车2辆，维修工位2个	实训场地	理实一体化教室	日 期	
客户任务描述	客户在车辆使用过程中，发现轮胎前后磨损不一致				
任务目的	通过检查测量，找到上述故障的原因				

一、资讯

1. 轮胎由_____组成。

2. 轮胎磨损的类型有_____。

3. 轮胎型号205/55R16中205代表_____、55代表_____、16代表_____、R代表_____。

4. 请画出轮胎换位的方法。

5. 标出下图中黄色箭头代表_____。黄色圆圈代表_____。

二、计划与决策

请根据任务要求，确定所需要的仪器、工具，并对小组成员进行合理分工，制订详细的工作计划。

1. 需要的检测设备、工具。

2. 小组成员分工。

3. 计划。

三、任务实施

1. 打开左前门，安装防护_____，拉紧_____手柄。
2. 安装_____，举升车辆到_____，预松轮胎_____。
3. 再次举升车辆至_____，使用_____拆卸轮胎_____。
4. 按照轮胎_____方法进行轮胎换位。
5. 使用轮胎_____，预紧轮胎_____。
6. 操作举升机_____降至地面，使用_____紧固轮胎螺栓。
7. 清洁_____、_____，以及回收车内防护三件套。

四、检查

1. 检查设备是否收好_____。
2. 检查车辆是否正常_____。

五、评估

1. 请根据任务完成情况，对自己的工作进行自我评估，并写出注意事项。

（1）_____

_____

（2）_____

_____

（3）_____

_____

2. 工单成绩（总分为自我评价、组长评价和教师评价得分值的平均值）。

自我评价	组长评价	教师评价	总分

任务评价表

序号	作业内容	实训步骤	配分	得分
一、作业前准备（操作前检查）				
1	实训环境（工位）	一楼维护车间		
2	实训工具	扭力扳手		
		轮胎扳手、风炮、19#套头		
		车辆防护三件套		
3	实训设备	卡罗拉轿车两台、工具车两台		
4	实训内容	轮胎换位		
二、自我保护（自检）				
5	工服、手套	工装是否整齐、是否佩戴手套		
6	工作前自检（严禁戴戒指、手表等饰品）	严禁戴戒指、手表等饰品		
三、作业中（操作过程）				
7	操作流程	（1）安装防护三件套		
		（2）举升车辆		
		（3）拆卸轮胎		
		（4）轮胎换位		
		（5）安装轮胎		
		（6）紧固轮胎		
四、作业后（现场恢复）				
8	规范操作	（1）清洁并整理量具，放置到指定位置		
	7S理念	（2）清扫现场，将废物集中处理		
合计总分：				
备注：				

学习任务6.2 汽车离合器、制动踏板行程测量工作页

任务名称	汽车离合器、制动踏板行程测量	学　时	4	班　级	
学生姓名		学生学号		任务成绩	
实训设备、工具及仪器	卡罗拉轿车2辆，维修工位2个	实训场地	理实一体化教室	日　期	
客户任务描述	客户在车辆使用过程中，发现离合器分离不彻底同时踩下制动踏板后，制动距离较之前变长				
任务目的	通过检查测量，找到上述故障的原因				

一、资讯

1. 离合器由_____组成。

2. 离合器的作用是_____。

3. 离合器自由行程是指离合器_____内端与_____之间的空隙在踏板上的反映。

4. 制动踏板自由行程是指_____下去的时候刹车不起作用的那段距离。

5. 标出下图中各部件的名称。

1._____ 2._____ 3._____ 4._____ 5._____ 6._____ 7._____ 8._____ 9._____

1._____ 2._____ 3._____ 4._____

二、计划与决策

请根据任务要求，确定所需要的仪器、工具，并对小组成员进行合理分工，制订详细的工作计划。

1. 需要的检测仪器、工具。

2. 小组成员分工。

3. 计划。

三、实施

1. 打开左前门，安装防护_____，拉紧_____手柄。
2. 检查_____踏板和_____踏板外观有无变形损坏。
3. 使用_____尺测量_____自由行程和离合器_____行程。
4. 反复踩踏制动踏板，使用_____测量_____踏板的自由_____。
5. 使用米尺测量_____踏板的工作_____及总_____。
6. 通过查询维修手册判定_____踏板和_____踏板的自由行程_____正常。
7. 清洁_____、_____，以及回收车内防护三件套。

四、检查

1. 检查设备是否收好_____。
2. 检查车辆是否正常_____。

五、评估

1. 请根据任务完成情况，对自己的工作进行自我评估，并写出注意事项。

（1）_____

_____

（2）_____

_____

（3）_____

2. 工单成绩（总分为自我评价、组长评价和教师评价得分值的平均值）。

自我评价	组长评价	教师评价	总分

任务评价表

序号	作业内容	实训步骤	配分	得分
一、作业前准备（操作前检查）				
1	实训环境（工位）	一楼维护车间		
2	实训工具	钢板尺		
		头灯		
		车辆防护三件套		
3	实训设备	卡罗拉轿车两台、工具车两台		
4	实训内容	制动踏板及离合器踏板行程测量		
二、自我保护（自检）				
5	工服、手套	工装是否整齐、是否佩戴手套		
6	工作前自检（严禁戴戒指、手表等饰品）	严禁戴戒指、手表等饰品		
三、作业中（操作过程）				
7	操作流程	（1）安装防护三件套		
		（2）制动踏板复位		
		（3）测量制动踏板的自由行程		
		（4）测量离合器踏板行程		
四、作业后（现场恢复）				
8	规范操作	（1）清洁并整理量具，放置到指定位置		
	7S 理念	（2）清扫现场，将废物集中处理		
合计总分：				
备注：				

学习任务 6.3　汽车制动器检查工作页

任务名称	汽车制动器检查	学　时	4	班　级	
学生姓名		学生学号		任务成绩	
实训设备、工具及仪器	卡罗拉轿车 2 辆，维修工位 2 个	实训场地	理实一体化教室	日　期	
客户任务描述	客户在车辆使用过程中，发现制动时有异响，需要检修制动系统				
任务目的	通过检查测量，找到上述故障的原因				

一、资讯

1. 盘式制动器由＿＿＿＿＿＿＿＿＿＿＿＿＿＿＿＿＿＿＿＿＿＿组成。

2. 鼓式制动器由＿＿＿＿＿＿＿＿＿＿＿＿＿＿＿＿＿＿＿＿＿＿组成。

3. 驻车制动器的作用是＿＿＿＿＿＿＿＿。

4. 驻车制动器由＿＿＿＿＿＿＿＿＿＿＿＿＿＿＿＿＿＿＿＿＿＿组成。

5. 图中箭头所指的是＿＿＿＿＿＿。

6. 图中制动器是＿＿＿＿＿＿类型。

7. 填写下图内容 1.＿＿＿＿＿　2.＿＿＿＿＿。

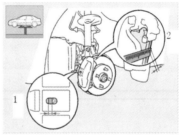

8. 图中 MAX 代表＿＿＿＿＿＿，MIN 代表＿＿＿＿＿＿。

二、计划与决策

请根据任务要求，确定所需要的仪器、工具，并对小组成员进行合理分工，制订详细的工作计划。

1. 需要的检测设备、工具。

2. 小组成员分工。

3. 计划。

三、任务实施

1. 打开左前门，安装防护_____，拉紧_____手柄；
2. 安装_____，举升车辆到_____，预松轮胎_____；
3. 再次举升车辆至_____，使用_____拆卸轮胎_____；
4. 制动片更换步骤_____；
5. 制动盘厚度测量步骤_____；
6. 制动盘圆跳动量测量步骤_____；
7. 后制动片测量步骤_____；
8. 后制动鼓测量步骤_____；
9. 安装轮胎，将举升机放到_____紧固轮胎螺栓，清洁工位；
10. 测量参考值。

名称	前制动片	后制动片	制动盘厚度	制动盘圆跳动度	制动鼓直径
标准值	1.5 cm	1.8 cm	22 mm	0.02 mm	25 cm
极限值	0.5 cm	0.5 cm	19 mm	0.06 mm	27 cm

四、检查

1. 检查设备是否收好_____。
2. 检查车辆是否正常_____。

五、评估

1. 请根据任务完成情况，对自己的工作进行自我评估，并写出注意事项。

（1）_____

（2）_____

（3）_____

2. 工单成绩（总分为自我评价、组长评价和教师评价得分值的平均值）。

自我评价	组长评价	教师评价	总分

任务评价表

序号	作业内容	实训步骤	配分	得分
一、作业前准备（操作前检查）				
1	实训环境（工位）	一楼维护车间		
2	实训工具	世道 120 件		
		头灯		
		车辆防护三件套		
3	实训设备	卡罗拉轿车两台、工具车两台		
4	实训内容	汽车制动器的检查与调整		
二、自我保护（自检）				
5	工服、手套	工装是否整齐、是否佩戴手套		
6	工作前自检（严禁戴戒指、手表等饰品）	严禁戴戒指、手表等饰品		
三、作业中（操作过程）				
7	操作流程	（1）安装防护三件套		
		（2）制动踏板复位		
		（3）检查驻车制动器的效果		
		（4）调整驻车制动器的行程		
		（5）测量前轮制动器		
		（6）测量后轮制动器		
		（7）检查制动液位及管路		
四、作业后（现场恢复）				
8	规范操作	（1）清洁并整理量具，放置到指定位置		
	7S 理念	（2）清扫现场，将废物集中处理		
合计总分：				
备注：				

学习任务 6.4　汽车悬架检查工作页

任务名称	汽车悬架检查	学　时	4	班　级	
学生姓名		学生学号		任务成绩	
实训设备、工具及仪器	卡罗拉轿车 2 辆，维修工位 2 个	实训场地	理实一体化教室	日　期	
客户任务描述	客户在车辆使用过程中，发现底盘有异响				
任务目的	通过检查测量，找到上述故障的原因				

一、资讯

1. 悬架由_____组成。

2. 悬架的作用是_____。

3. 悬架常见故障包括_____。

4. 写出图中部件名称。

序号	名称
1	
2	
3	
4	
5	
6	

5. 图中（a）_____，（b）_____。

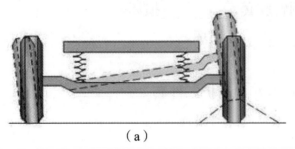

（a）

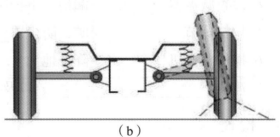

（b）

6. 请标出下图中车身形式名称。

（a）_____

（b）_____

二、计划与决策

请根据任务要求，确定所需要的仪器、工具，并对小组成员进行合理分工，制订详细的工作计划。

1. 需要的检测设备、工具。

2. 小组成员分工。

3. 计划。

三、任务实施

1. 打开左前门，安装防护_____，拉紧_____手柄。

2. 安装_____，举升车辆到_____，预松轮胎_____。

3. 再次举升车辆至_____。

4. 检查减振器_____漏油，下控制臂胶套_____损坏。

5. 拉杆球节_____松旷，防尘罩_____损坏。

6. 操作举升机_____降至地面。

7. 清洁_____、_____，以及回收车内防护三件套。

四、检查

1. 检查设备是否收好_____。

2. 检查车辆是否正常_____。

五、评估

1. 请根据任务完成情况，对自己的工作进行自我评估，并写出注意事项。

（1）_____

（2）_____

（3）_____

2. 工单成绩（总分为自我评价、组长评价和教师评价得分值的平均值）。

自我评价	组长评价	教师评价	总分

任务评价表

序号	作业内容	实训步骤	配分	得分
一、作业前准备（操作前检查）				
1	实训环境（工位）	一楼维护车间		
2	实训工具	风炮、轮胎扳手		
		世达150件套		
3	实训设备	卡罗拉轿车2辆、举升机2台		
二、自我保护（自检）				
4	工服、手套	工装是否整齐、是否佩戴手套		
5	工作前自检（严禁戴戒指、手表等饰品）	严禁戴戒指、手表等饰品		
三、作业中（操作过程）				
6	操作流程	（1）举升车辆		
		（2）检查减振器		
		（3）检查控制臂		
		（4）检查拉杆球节及防尘套		
		（5）复位		
四、作业后（现场恢复）				
7	规范操作	（1）清洁并整理量具，放置到指定位置		
	7S理念	（2）清扫现场，将废物集中处理		
合计总分：				
备注：				

学习任务7 汽车电气相关维护

学习任务7.1 蓄电池的检查工作页

任务名称	蓄电池的检查	学 时	4	班 级	
学生姓名		学生学号		任务成绩	
实训设备、工具及仪器	万用表、丰田卡罗拉实训车	实训场地	理实一体化教室	日 期	
客户任务描述	丰田卡罗拉轿车蓄电池工作不正常				
任务目的	能够与人沟通并建立良好关系，能够正确、规范地掌握蓄电池的检查与维护				

一、资讯

（一）根据所学知识及图片提示填空。

图1

图2

1.汽车上有两个电源，一个是（　　　　），另一个是（　　　　）。

2.起动发动机时，由（　　　　）向起动机提供电流。

3.当发电机过载时，（　　　　）可以协助发电机向用电设备供电。

（二）判断题。

1.如图3所示，当蓄电池出现鼓包现象时，可以用手将鼓包压平，然后继续使用。　（　　）

2.蓄电池的安装一定要牢靠紧固，应定期进行检查。　（　　）

3.如图4所示，用万用表检测出的蓄电池静态电压是正常数值。　（　　）

图3

图4

（三）拓展思考题。

当遇到蓄电池没电，导致汽车无法正常起动时，我们应该怎么办呢？（根据图5的提示，写出操作步骤。）

图5

二、计划与决策

请根据任务要求，确定所需要的仪器、工具，并对小组成员进行合理分工，制订详细的工作计划。

1. 需要的检测仪器、工具。

2. 小组成员分工。

3. 计划。

三、实施

（一）检测结果。

项目	蓄电池外观		安装与连接情况		电压	
检查情况	裂痕		蓄电池与车身		静态	
	泄露					
	鼓包		接线柱与导线		充电	
	腐蚀					
判定结果	□合格　□不合格		□合格　□不合格		□合格　□不合格	

（二）简述下列问题。

如果出现蓄电池静态电压过低的情况，应该怎么办？

四、检查

1. 检查设备是否收好_____。

2. 检查车辆是否充满_____。

五、评估

1. 请根据任务完成情况，对自己的工作进行自我评估，并写出注意事项。

（1）_____

_____

（2）_____

_____

（3）_____

2. 工单成绩（总分为自我评价、组长评价和教师评价得分值的平均值）。

自我评价	组长评价	教师评价	总分

任务评价表

序号	作业内容	实训步骤	配分	得分
一、作业前准备（操作前检查）				
1	实训环境（工位）	一楼维护车间		
2	实训工具	翼子板布、前格栅布		
		万用表		
3	实训设备	丰田卡罗拉实训车		
二、自我保护（自检）				
4	工服、手套	工装是否整齐、是否佩戴手套		
5	工作前自检（严禁戴戒指、手表等饰品）	严禁戴戒指、手表等饰品		
三、作业中（操作过程）				
6	操作流程	（1）安装前格栅布和翼子板布		
		（2）检查蓄电池外壳		
		（3）检查蓄电池端子		
		（4）测量蓄电池静态电压		
		（5）测量蓄电池充电电压		
四、作业后（现场恢复）				
7	规范操作	（1）清洁并整理量具，放置到指定位置		
	7S 理念	（2）清扫现场，将废物集中处理		
合计总分：				
备注：				

学习任务7.2 火花塞的检查和维护工作页

任务名称	火花塞的检查与维护	学 时	4	班 级	
学生姓名		学生学号		任务成绩	
实训设备、工具及仪器	间隙规、丰田卡罗拉实训车	实训场地	理实一体化教室	日 期	
客户任务描述	一辆丰田卡罗拉轿车起动困难，怠速时，方向盘规律抖动，且会出现熄火情况，判断是火花塞出现故障				
任务目的	能够与人沟通并建立良好关系，能够正确、规范地掌握火花塞的检查与维护				

一、资讯

（一）如图所示，标出各部件的名称。

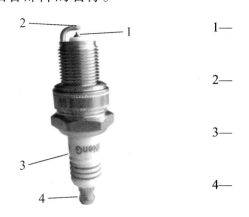

1—

2—

3—

4—

（二）选择题（1、2题为单选，3题为多选）。

1.火花塞两电极间的放电电压一般为多少？（   ）

A. 220 V　　　　B. 380 V　　　　C. 1 000~1 200 V　　　　D. 10 000~15 000 V

2.火花塞上的绝缘体是什么材料？（   ）

A. 橡胶　　　　B. 陶瓷　　　　C. 铜　　　　D. 塑料

3.在拆卸火花塞时使用下列哪种工具？（   ）

A. 开口扳手　　　　B. 火花塞套筒　　　　C. 梅花扳手　　　　D. 轮胎扳手

（三）判断题。

1.火花塞积碳是一种常见故障。　　　　　　　　　　　　　　　　　　　　（   ）

2.当火花塞出现问题时，汽车有可能出现无法起动的情况。　　　　　　　　（   ）

二、计划与决策

请根据任务要求,确定所需要的仪器、工具,并对小组成员进行合理分工,制订详细的工作计划。

1. 需要的检测仪器、工具。

2. 小组成员分工。

3. 计划。

三、实施

(一)检测结果。

项目		火花塞外观	火花塞间隙
测量值	电极		
	绝缘体		
	连接螺纹		
判定结果		□合格　□不合格	□合格　□不合格

(二)思考题。

怎样判断火花塞是否需要更换呢?多久更换一次合适呢?

四、检查

1. 检查设备是否收好_____。
2. 检查车辆是否充满_____。

五、评估

1. 请根据任务完成情况,对自己的工作进行自我评估,并写出注意事项。

(1)_____

(2)_____

(3)_____

2. 工单成绩（总分为自我评价、组长评价和教师评价得分值的平均值）。

自我评价	组长评价	教师评价	总分

任务评价表

序号	作业内容	实训步骤	配分	得分
一、作业前准备（操作前检查）				
1	实训环境（工位）	一楼维护车间		
2	实训工具	翼子板布、前格栅布、车轮挡块、三件套		
		火花塞间隙规		
		汽修专用拆装工具		
3	实训设备	丰田卡罗拉实训车		
二、自我保护（自检）				
4	工服、手套	工装是否整齐、是否佩戴手套		
5	工作前自检（严禁戴戒指、手表等饰品）	严禁戴戒指、手表等饰品		
三、作业中（操作过程）				
6	操作流程	（1）安装相应防护工具		
		（2）拆卸火花塞		
		（3）检查火花塞外观		
		（4）用间隙规测量火花塞间隙		
		（5）安装火花塞等零部件		
		（6）着车检查发动机运行情况		
		（7）整理清洁工位		
四、作业后（现场恢复）				
7	规范操作	（1）清洁并整理量具，放置到指定位置		
	7S 理念	（2）清扫现场，将废物集中处理		
合计总分：				
备注：				

学习任务7.3 刮水器的检查和维护工作页

任务名称	刮水器的检查与维护	学　　时	4	班　级	
学生姓名		学生学号		任务成绩	
实训设备、工具及仪器	丰田卡罗拉实训车	实训场地	理实一体化教室	日　期	
客户任务描述	一辆丰田卡罗拉轿车进行二级维护保养，请对前挡风玻璃刮水器进行检查				
任务目的	能够与人沟通并建立良好关系，能够正确、规范地掌握刮水器的检测与维护				

一、资讯

（一）判断题。

1.晴天使用刮水器除去风挡表面的灰尘时，一定要喷洒玻璃水，不能干刮。（　　　）

2.如图所示，暴雨天，急速而且大颗的雨点打在风窗玻璃上，我们只要将刮水器的速度调到最开就可以继续行驶了。（　　　）

3.冬季天气比较寒冷，在洗车之后要及时清理刮水器和玻璃上的积水，以免导致刮水器结冰，无法正常工作。（　　　）

（二）根据下图所示回答相关问题。

1."LO"所代表的意思是（　　　）。

2."HI"所代表的意思是（　　　）。

3."INT"所代表的意思是（　　　）。

4.在停车前应将刮水器（　　　）再熄火。

（三）说出3种容易损坏刮水器的操作。

二、计划与决策

请根据任务要求，确定所需要的仪器、工具，并对小组成员进行合理分工，制订详细的工作计划。

1. 需要的检测仪器、工具。

2. 小组成员分工。

3. 计划。

三、实施

检测结果。

项目	玻璃水是否充足	刮水器胶条
检查情况		
判定结果	□合格 □不合格	□合格 □不合格

项目	洗涤器喷射力	洗涤器喷射位置	联动情况	回位功能	刮拭情况
检查情况					
判定结果	□合格 □不合格	□合格 □不合格	□合格 □不合格	□合格 □不合格	□合格 □不合格

四、检查

1. 检查设备是否收好_____。
2. 检查车辆是否充满_____。

五、评估

1. 请根据任务完成情况，对自己的工作进行自我评估，并写出注意事项。

（1）_____

（2）_____

（3）_____

2. 工单成绩（总分为自我评价、组长评价和教师评价得分值的平均值）。

自我评价	组长评价	教师评价	总分

任务评价表

序号	作业内容	实训步骤	配分	得分
一、作业前准备（操作前检查）				
1	实训环境（工位）	一楼维护车间		
2	实训工具	车内三件套		
		玻璃水		
3	实训设备	丰田卡罗拉实训车		
二、自我保护（自检）				
4	工服、手套	工装是否整齐、是否佩戴手套		
5	工作前自检（严禁戴戒指、手表等饰品）	严禁戴戒指、手表等饰品		
三、作业中（操作过程）				
6	操作流程	（1）检查玻璃水液位		
		（2）安装车内三件套		
		（3）检查刮水器胶条		
		（4）检查刮水器各项工作情况		
		（5）整理清洁工位		
四、作业后（现场恢复）				
7	规范操作	（1）清洁并整理量具，放置到指定位置		
	7S理念	（2）清扫现场，将废物集中处理		
合计总分：				
备注：				

学习任务 7.4 汽车喇叭的检查工作页

任务名称	汽车喇叭的检查	学　　时	4	班　级	
学生姓名		学生学号		任务成绩	
实训设备、工具及仪器	万用表、丰田卡罗拉实训车	实训场地	理实一体化教室	日　　期	
客户任务描述	车主反映他的丰田卡罗拉轿车喇叭工作时有异常，请对其进行检查				
任务目的	能够与人沟通并建立良好关系，能够掌握喇叭的检查与维护方法				

一、资讯

（一）选择题。

1. 如右图所示，该标志的意义是（　　）。

　A. 禁止说话　　　　　　　　　　　B. 禁止通行

　C. 禁止鸣笛　　　　　　　　　　　D. 禁止吹喇叭

2. 当喇叭出现声音低沉较弱的情况时，我们应该对（　　）进行检查。

　A. 熔断丝　　　B. 蓄电池电压　　　C. 线路接头　　　D. 方向盘

3. 当喇叭没有声音时，我们应该对（　　）进行检查。

　A. 熔断丝　　　B. 蓄电池电压　　　C. 线路接头　　　D. 喇叭内部结构

（二）请在下图的空白处填写正确的名称。

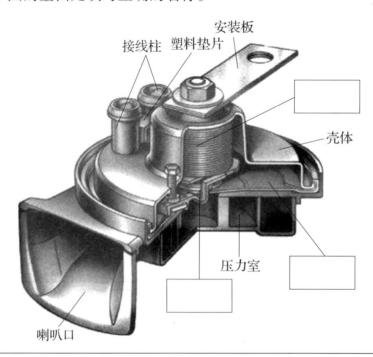

二、计划与决策

请根据任务要求，确定所需要的仪器、工具，并对小组成员进行合理分工，制订详细的工作计划。

1. 需要的检测仪器、工具。

2. 小组成员分工。

3. 计划。

三、实施

（一）检测结果。

项目	喇叭鸣声情况		
	鸣声正常	鸣声低沉较弱	没有声音
检查情况			
判定结果	□合格　□不合格	□合格　□不合格	□合格　□不合格

（二）知识拓展。

在交通法规里，对于汽车喇叭的使用，做了这样的规定：

1. 机动车驶近急弯、坡道顶端等影响安全视距的路段以及超车或者遇有紧急情况时，应当减速慢行，并鸣喇叭示意。

2. 机动车遇有前方车辆停车排队等候或者行驶缓慢时，应当停车等候或者依次行驶，不得进入非机动车道、人行道行驶，不得鸣喇叭催促车辆、行人。

四、检查

1. 检查设备是否收好＿＿＿＿＿＿＿＿＿＿＿＿＿＿＿＿＿＿＿＿＿＿＿＿＿＿＿。
2. 检查车辆是否充满＿＿＿＿＿＿＿＿＿＿＿＿＿＿＿＿＿＿＿＿＿＿＿＿＿＿＿。

五、评估

1. 请根据任务完成情况，对自己的工作进行自我评估，并写出注意事项。

（1）_____

_____

（2）_____

_____

（3）_____

_____

2. 工单成绩（总分为自我评价、组长评价和教师评价得分值的平均值）。

自我评价	组长评价	教师评价	总分

任务评价表

序号	作业内容	实训步骤	配分	得分
一、作业前准备（操作前检查）				
1	实训环境（工位）	一楼维护车间		
2	实训工具	车内三件套		
		万用表		
3	实训设备	丰田卡罗拉实训车		
二、自我保护（自检）				
4	工服、手套	工装是否整齐、是否佩戴手套		
5	工作前自检（严禁戴戒指、手表等饰品）	严禁戴戒指、手表等饰品		
三、作业中（操作过程）				
6	操作流程	（1）安装相应防护工具		
		（2）鸣喇叭，确定鸣声		
		（3）根据鸣声确定喇叭故障		
		（4）检查相应项目		
		（5）整理清洁工位		
四、作业后（现场恢复）				
7	规范操作	（1）清洁并整理量具，放置到指定位置		
	7S 理念	（2）清扫现场，将废物集中处理		
合计总分：				
备注：				

学习任务7.5 电动车窗和电动座椅的检查与维护工作页

任务名称	电动车窗和电动座椅的检查与维护	学 时	6	班 级	
学生姓名		学生学号		任务成绩	
实训设备、工具及仪器	风枪、丰田卡罗拉实训车	实训场地	理实一体化教室	日 期	
客户任务描述	车主反映他经常跑一些路况复杂的道路，现在玻璃升降困难且在升降中有异响，电动座椅工作不流畅，请对其进行检查				
任务目的	能够与人沟通并建立良好关系，能够掌握电动车窗和电动座椅的检查与维护方法				

一、资讯

（一）简述下图中各零部件的作用。

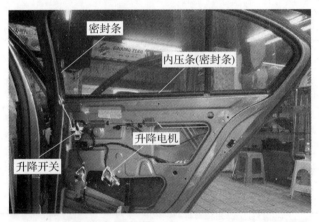

1. 密封条：_____
2. 升降开关：_____
3. 升降电机：_____

（二）判断题。

1. 如图所示，维修员小李坐在张先生爱车上检测电动座椅的工作情况是合理的。（　　　）

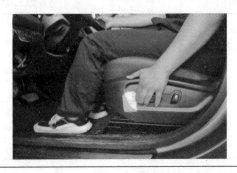

2. 当发现电动座椅滑轨运动不畅时，可以涂抹些机油来润滑。　　　　（　　）

二、计划与决策

请根据任务要求，确定所需要的仪器、工具，并对小组成员进行合理分工，制订详细的工作计划。

1. 需要的检测仪器、工具。

2. 小组成员分工。

3. 计划。

三、实施

（一）检测结果。

项目	喇叭鸣声情况		
检查情况	升降情况	密封胶条	升降器导轨
判定结果	□合格　□不合格	□合格　□不合格	□合格　□不合格

项目	座椅表面	控制开关工作情况	
检查情况		坐垫前部、后部调节	
		座椅前后移动调节	
		靠背前后调节	
		腰部支撑调节	
判定结果	□合格　□不合格	□合格　□不合格	

（二）知识拓展。

带孩子出行八大准则：

1. 禁止孩子坐副驾。
2. 禁止抱着孩子乘车。
3. 切记使用儿童安全座椅。
4. 禁止孩子在车里吃喝玩。
5. 禁止孩子的身体探出窗外。
6. 禁止孩子自己上下车。
7. 禁止把孩子单独留在车内。
8. 提醒孩子不要乱动车内按键。

儿童座椅

四、检查

1. 检查设备是否收好_____。
2. 检查车辆是否充满_____。

五、评估

1. 请根据任务完成情况，对自己的工作进行自我评估，并写出注意事项。

（1）_____

_____

（2）_____

_____

（3）_____

_____

2. 工单成绩（总分为自我评价、组长评价和教师评价得分值的平均值）。

自我评价	组长评价	教师评价	总分

任务评价表

序号	作业内容	实训步骤	配分	得分
一、作业前准备（操作前检查）				
1	实训环境（工位）	一楼维护车间		
2	实训工具	翼子板布、前格栅布、车轮挡块、三件套		
		风枪、润滑脂		
		汽修专用拆装工具		
3	实训设备	丰田卡罗拉实训车		
二、自我保护（自检）				
4	工服、手套	工装是否整齐、是否佩戴手套		
5	工作前自检（严禁戴戒指、手表等饰品）	严禁戴戒指、手表等饰品		
三、作业中（操作过程）				
6	操作流程	（1）安装相应防护工具		
		（2）对四门玻璃升降进行检查		
		（3）清除玻璃升降导轨中的脏物并涂抹适量润滑脂		
		（4）检查座椅外观和控制开关		
		（5）清除座椅下面的脏物		
		（6）重新再滑轨上涂抹适量润滑脂		
		（7）整理清洁工位		
四、作业后（现场恢复）				
7	规范操作	（1）清洁并整理量具，放置到指定位置		
	7S 理念	（2）清扫现场，将废物集中处理		
合计总分：				
备注：				